I0112383

SOUS LA TENTE

SOUVENIRS D'UN ZOUAVE

SOUS

LA TENTE

PAR

LOUIS NOIR

PARIS

LIBRAIRIE ACHILLE FAURE ET Cie

18, RUE DAUPHINE, 18

1868

SOUVENIRS

D'UN ZOUAVE.

En écrivant nos *Souvenirs d'un Zouave*, nous n'avons d'autre prétention que de peindre l'armée telle qu'elle est, les combats tels qu'ils sont. La plupart de nos historiens, étrangers à l'art militaire, ont réussi à raconter les batailles à grands traits, mais ils n'ont pu vivifier et colorer leur récit; ils n'ont pas fait des tableaux de guerre, mais des esquisses sèches et très-incomplètes. Profondément dédaigneux des détails, ils n'ont pas décrit la physionomie réelle des champs de bataille; peu soucieux des anecdotes, ils n'ont pas consigné celles qui peuvent, mieux que toute description, peindre le soldat, ses mœurs et sa façon d'être.

Nous avons la modeste ambition de contribuer à combler, dans une modeste proportion, une grande lacune en racontant tous les faits intéressants que nous savons sur nos intrépides soldats de Crimée, d'Afrique, d'Italie, de Chine et du Mexique.

Puisse notre exemple encourager nos camarades à publier leurs souvenirs; ils auront fourni des matériaux précieux aux historiens de l'avenir!

1.

LE FORT HAMZA.

Ce qui distingue notre armée de toutes les armées, c'est son magnifique cadre de sous-officiers ; il est peu de sergents qui, chez nous, ne soient capables de commander une compagnie.

Nos annales militaires sont remplies de traits d'héroïsme accomplis par de simples sergents.

Celui que nous allons raconter, et dont nous affirmons l'authenticité, met en lumière les brillantes qualités que l'on trouve chez nous dans les rangs les plus humbles de la hiérarchie et jusqu'aux simples soldats.

Notre sergent, plus heureux que celui qui commandait le détachement fameux massacré à Beni Mered, eut l'heureuse fortune d'échapper, avec ses soldats, au déshonneur et à la mort, cruelle alternative dans laquelle il se trouvait placé ; il sauva sa tête, celle de cent hommes, il conserva un fort à la France et déjoua une conspiration ourdie avec une adresse inouïe.

En pareille circonstance, on sait plus d'un général étranger qui perdit la tête.

Au moment de la grande révolte de la province de Constantine, le sergent Doubat commandait, avec vingt-cinq zouaves sous ses ordres, le fort Hamza, situé non loin d'Aumale. Il avait une quarantaine d'auxiliaires arabes de renfort.

Ce fort était le centre d'une circonscription dirigée par un officier des bureaux arabes qui y résidait habituellement et commandait en chef.

Cet officier, sachant qu'une colonie française expéditionnait à vingt lieues de là, et craignant que les tribus environnantes ne se soulevassent, s'était déguisé en mendiant indigène pour observer les douars; parlant, seul de tous les Français du fort, la langue arabe, il était seul capable de remplir ce rôle.

Donc, il était parti, laissant le sergent au fort.

Cinq heures après, celui-ci recevait un courrier.

C'était un spahi apportant une lettre de la part du colonel, chef supérieur du cercle. Cette lettre, signée et revêtue du sceau du bureau arabe, enjoignait à l'officier commandant le fort, de laisser celui-ci à la garde des auxiliaires sous les ordres du sergent Doubat, de partir avec la petite garnison européenne pour couronner une certaine hauteur dominant un défilé par lequel la colonne expéditionnaire devait passer le lendemain; un goûm nombreux (groupe armé) de la tribu alliée des Beni-Allah soutiendrait la petite troupe européenne et on devait le rencontrer au bas de la montagne.

« Surtout, ajoutait le général, gardez-bien la gorge et retranchez-vous, au besoin. »

Jamais instruction n'avait été plus claire, plus formelle.

Le sergent Doubat se dit qu'en l'absence de l'officier, il devait laisser un caporal pour commander aux auxiliaires, et que lui-même devait partir avec ses vingt-cinq hommes pour tenir le poste indiqué.

Pourtant, songeant aux munitions, aux vivres, aux armes que contenait le bordj (fort), à son importance stratégique, au voisinage de la colonne à laquelle il servait de base d'opérations, Doubat fit ses réflexions.

C'était un de ces zouaves raisonnant, voire même raisonneurs, qui ont la finesse du chacal et flairent les piéges de loin ; il avait trois ans d'Afrique déjà et se défiait des Arabes, qui sont le peuple le plus perfide du monde.

Il se dit qu'un vieux général, comme le sien, était bien imprudent de confier un fort à des auxiliaires de la fidélité desquels on n'était jamais sûr.

Mais, d'autre part, l'ordre était écrit en bon français ; le style en était militaire.

Doubat était fort perplexe.

Si l'ordre était vrai, il était fusillé net en prenant sur lui de désobéir ; s'il était faux, il livrait le fort à l'ennemi : le salut de la colonne était compromis.

De plus, Doubat avait vingt prisonniers français dans les casemates du bordj. C'étaient des soldats condamnés par les conseils de guerre, ou sur le point de passer en jugement ; les Arabes ne manqueraient pas de massacrer ces malheureux.

Enfin lui-même et ses soldats, une fois en plaine, si les Arabes lui tendaient là une embuscade, étaient nécessairement écrasés par la tribu des Beni-Allah ; car à supposer que la lettre fût fausse, du moment où on l'envoyait vers le goûm de cette tribu, c'est que ces chefs étaient les auteurs du complot.

Il méditait.

Le courrier, impassible, attendait.

En vain le zouave fixa-t-il ses yeux sur ceux du spahi, pour lire su fond de son âme; celui-ci soutint imperturbablement ce regard. Pas un muscle de sa figure de bronze ne tressaillit.

Ces Arabes ont des faces de sphynx, impénétrables et glacées.

Doubat tenta une épreuve.

Il mit la lettre dans sa poche, bourra une pipe, se promena tranquillement et parut ne pas se préoccuper des ordres reçus.

« Jamais, pensait-il, un général ne met ses courriers dans le secret de ses dépêches; celui-là, si la lettre est un piége, va me demander pourquoi je reste inactif. »

Mais, point.

Le spahi attendit patiemment qu'on le renvoyât.

« Allons, pensa Doubat, rien, rien absolument ne justifierait une désobéissance, et pourtant j'ai la conviction que c'est une ruse de ces gredins d'Arabes pour s'emparer du fort. Que faire?... »

Tout à coup une idée lui vint : il courut aux casemates, les ouvrit et en fit sortir les prisonniers français. Il les fit ranger en cercle et leur exposa sa situation; puis il leur dit :

— « Parmi vous il y a sept condamnés à mort qui attendent la fin des quarante jours de délai; les autres sont condamnés ou à perpétuité ou à temps. Je ne crois que ce soit pour aucun de vous une raison de refuser à la patrie un service éminent. Je vous donne la garde du fort; je vous confie les clés de la poudrière et d'autres plus dangereuses : celles des magasins aux vivres où se trouvent des barils d'eau-de-vie. Vous êtes presque tous de fieffés ivrognes; c'est le schnik qui vous a jetés où vous êtes. Pourtant, je compte que vous ne boirez pas une goutte d'alcool; sans quoi, je vous connais, une fois le nez au tonneau, vous ne le quitteriez qu'ivres-morts, et les auxiliaires vous couperaient le cou.

» Voilà le drapeau tricolore qui flotte là-haut; qu'on me jure dessus d'être sages comme des demoiselles en pension, sobres comme des chameaux, vigilants comme des roquets de garde.

» Allons, défilez un à un et jurez! »

Chaque prisonnier fit serment de ne pas boire et de veiller fidèlement. Doubat savait que tous ces coupables au point de vue de la discipline étaient de braves soldats; il fut tranquillisé sur le bordj. .

Il donna ordre à son clairon de sonner sac au dos à son détachement et les rangs se formèrent.

Chacun savait ce dont il s'agissait; les condamnés et les hommes de la garnison échangèrent en silence des poignées de main vigoureuses; tout le monde avait la presque certitude que la lettre était fausse; chacun savait qu'une menace terrible pesait sur sa tête.

Les prisonniers avaient le cœur serré en voyant partir leurs camarades.

— Sergent Doubat, fit l'un d'eux, nous sommes *quasi-morts*, puisqu'on doit nous fusiller presque tous, laissez-nous partir à votre place.

— Oui, oui! s'écrièrent les autres.

— Non, non! dirent les zouaves.

Et Doubat ajouta : (*historique*.)

— Vous n'êtes pas dégoûtés, vous autres! Si nous sommes tués, on gravera nos noms sur une colonne, comme à Beni-Mered et à Sidi-Brahim ; tant que le monde sera monde les troupiers de cœur qui passeront par là nous porteront les armes ; et vous voudriez nous faire manquer cette occasion-là ! Vous vous f...ichez de nous, les enfants.

Et sur ce, Doubat, commanda par le flanc gauche, puis en avant marché et l'on partit.

En passant devant le courrier, Doubat sourit ironiquement ; le courrier pâlit légèrement. La petite colonne avait trois cents lieues à faire et des vivres pour douze jours ; on marchait lentement et silencieusement ; mais personne ne *traînait de l'aile* (pour employer la pittoresque expression du bivac.)

Pourtant, quand on eut perdu le fort de vue, un zouave commença à murmurer.

C'était un remplaçant.

Mauvais soldat, il avait été séduit par une somme assez ronde, moyennant laquelle il était venu au lieu et place d'un fils de famille qui, après s'être engagé par un coup de tête, s'était estimé fort heureux que ses parents rachetassent son escapade à prix d'argent.

Il ne faut parfois qu'un lâche dans les circonstances difficiles pour influencer les plus braves ; le remplaçant trouvait qu'il était stupide de se faire tuer inutilement.

— Et l'ordre? fit le sergent.

— Puisqu'il est faux ! fit le remplaçant.

— Rien ne le prouve ! observa le sergent. Silence dans les rangs et en avant.

— Ma foi, s'écria le zouave, moi je retourne au fort ; se faire scier le cou par les *Arbis*, ça n'est pas gai.

Doubat remarqua que quelques hommes commençaient à se laisser ébranler par ce mauvais soldat ; le détachement s'était arrêté indécis.

Le sergent tira de son sac son livret et lut fort tranquillement à ses hommes le passage suivant du cadre militaire : « Refus de marcher, mort. »

Puis se tournant vers le remplaçant, il lui enjoignit de prendre la tête de la troupe.

En ce moment, apparurent un millier d'Arabes... au pied de la montagne.

— C'est le goûm! firent les zouaves.

— Sauve qui peut! cria le remplaçant, et il s'apprêtait à fuir.

Le sergent le saisit à la veste.

— Veux-tu marcher, oui ou non? demanda-t-il.

— Non, lâchez-moi ! criait le remplaçant; c'est votre faute si l'on va nous massacrer.

Doubat lâcha son homme comme celui-ci l'en priait, et le vit détaler aussitôt; mais d'un coup de fusil le sergent l'étendit raide mort.

Puis il répéta à haute voix :

— Refus de marcher à l'ennemi; mort !

— Tu as eu raison, dit un caporal en tendant la main au sergent.

— Oui! s'écrièrent tous les zouaves, tu as bien fait, Doubat.

— Parbleu! fit celui-ci, aussi peu ému que s'il ne venait pas d'assumer sur lui la responsabilité d'un meurtre.

Puis il fit prendre à un soldat les armes et les munitions du mort, qui fut abandonné. Le temps manquait pour l'enterrer.

Un acte d'une pareille énergie produit toujours une impression profonde; ces quelques hommes qui commençaient à faiblir, reprirent courage et domptèrent leur défaillance; Doubat vit bien qu'il pouvait compter d'une façon absolue sur tout son monde.

1.

Pourtant chaque zouave devait éprouver une poignante anxiété à mesure que l'on avançait.

Ce goûm nombreux qui couvrait la base des mamelons, allait-il cribler de balles le petit détachement ou le recevrait-il en amis?

La certitude absolue de la mort est moins cruelle que cette perplexité.

Enfin, l'on fut bientôt à portée de fusil du goûm.

Doubat, qui connaissait les Arabes, dit à ses hommes :

— Si ces moricauds nous trompent, nous nous sauverons peut-être, parce qu'il voudront nous massacrer traîtreusement, sans perdre un seul homme. Attention !

Le moment critique était venu; du milieu des Arabes se détacha un groupe de trois cavaliers. Doubat reconnut le scheik des Beni-Allah et ses deux fils, qui venaient à la rencontre des Français. Les Arabes échangèrent les samaleks d'usage avec le chef du détachement; pendant que Doubat prolongeait ces politesses, les zouaves, sur un signe, enveloppèrent les chefs indigènes. Puis, le sergent, d'un air bonhomme, demanda au scheik :

— Par qui as-tu reçu l'ordre d'occuper le défilé de la montagne?

— Par un courrier, répondit le scheik.

— Où est la *carta*? (la lettre).

— Dans ma case, dit le scheik.

— Envoie-la chercher par un de tes fils.

— Je ne sais s'il la trouvera, balbutia le scheik tout troublé.

A ce mot, Doubat jette à terre le cavalier en le désarmant, puis il lui mit le canon de son fusils sur la poitrine, en lui enjoignant de ne plus bouger.

Les zouaves s'emparaient en même temps des dèux jeunes gens.

La trahison était évidente.

Les auteurs du complot avaient bien songé à écrire une fausse lettre au fort; mais ils n'avaient pas pensé à en fabriquer une pour le scheik.

A la vue de ce qui se passait, les guerriers de la tribu des Beni-Allah accourent, entourant les zouaves d'un cercle de flissas menaçant.

Mais Doubat fit former un petit carré à son monde, et il cria aux Arabes que, s'ils ne se dispersaient immédiatement, il ferait sauter le crâne à leurs chefs.

Comme la tribu hésitait, il coucha le scheik en joue.

Celui-ci fit un signe, et les cavaliers s'éloignèrent hors de portée de fusil en vociférant des menaces.

Doubat avisa à la crète de la montagne un tombeau de pierre isolé, comme les Arabes en élèvent souvent à l'honneur de leurs marabouts; il s'y rendit avec ses prisonniers et s'y retrancha; puis, après avoir placé ses sentinelles, il alluma sa pipe, s'assit tranquillement devant son petit fort improvisé, et fuma comme si toute une population hostile ne l'enveloppait pas de toutes parts.

Il eut l'incroyable sangfroid de se faire amener un mouton, des fruits, du miel, du café, tout ce dont il avait besoin pour lui et ses hommes; amenant le scheik devant la porte de la couba et menaçant sa tête chaque fois que l'on hésitait à lui obéir.

A la nuit, il mit le feu à quatre bûchers énormes qu'il avait enjoint aux indigènes d'allumer, et il posta sur chaque face du tombeau une sentinelle, dont la flamme du foyer facilitait la surveillance.

Après avoir mangé le mouton des Arabes, les zouaves

prirent le café à leurs dépens, et, aussi en sûreté que dans le fort Hamza, ils se mirent à chanter les refrains du bivac pour narguer les indigènes, stupéfiés de tant d'audace et enragés de leur impuissance.

Tout à coup, vers minuit, le canon retentit dans le lointain; le camp de la colonne était attaqué par les indigènes.

Au village tout bruit cessa.

Au tombeau, l'on se tut.

Un combat terrible était engagé, dont les Frnçais et leurs ennemis ignoraient l'issue.

Toute la nuit, les ravins furent ébranlés par l'écho des détonations.

A l'aube, « la poudre cessa de parler. »

Les zouaves se demandaient qui avait vaincu.

Mais Doubat se dit qu'il le saurait bientôt.

En effet, il colla son oreille à terre, et, au bout d'un certain temps. il entendit les sons des clairons sonnant la diane !

Évidemment l'ennemi était repoussé.

Doubat ordonna alors à son clairon de jouer à son **tour** la fanfare du matin.

Il fit répéter six fois la sonnerie, puis il la fit suivre de la marche du régiment et de l'appel aux colonels, qui est un signal de détresse,

Le camp était éloigné; mais le vent portait dans sa direction.

On y entendit le clairon.

Une heure après, deux escadrons de chasseurs et un goûm allié nombreux débouchaient sur le plateau où la couba s'élevait; le fameux Beauprêtre était à leur tête. Il n'était que lieutenant des bureaux arabes alors; mais il avait déjà conquis un immense prestige.

A la vue de Doubat, il pâlit,

— Comment te trouves-tu là? demanda-t-il d'une voix que l'émotion faisait trembler.

— Lisez! fit Doubat en tendant la lettre qu'il avait reçue.

— Elle est fausse! s'écria Beauprêtre. Mille tonnerres! Le fort est pris!

Il était devenu blanc comme le haïque arabe qu'il portait.

— Tranquillisez-vous, lieutenant, dit Doubat, le fort est toujours à nous.

Et il raconta ce qu'il avait fait...

Beauprêtre « l'implacable », comme disaient les Arabes, Beauprêtre « tête de lion » pleurait de joie...

Doubat fut décoré.

Les prisonniers du fort, qui n'avaient pas touché aux barils d'alcool, reçurent leur grâce et une ample distribution d'eau-de-vie; les Beni-Allah furent châtiés, et la révolte, qui eût pris peut-être des proportions formidables en cas de succès du complot, fut rapidement étouffée.

A trois lieues d'Hamza, s'élève un petit tumulus de pierre; chaque Arabe qui passe l'augmente d'un caillou qu'il y jette en passant.

Quand on demande à un indigène ce que c'est que cette éminence factice, il répond:

— C'est le tombeau du lâche!

Et il raconte qu'un chef français a fusillé là un de ses hommes qui avait eu peur.

A la façon dont parle l'Arabe, il est facile de voir que ce trait lui a donné une haute opinion de notre discipline et du caractère de notre armée.

Quand un jeune homme du pays veut s'engager aux

turcos, son père le mène au *tombeau du lâche* et lui dit trois fois :

— Tu peux être *lascar* (soldat); rappelle-toi que les Français tuent les poltrons, et sois brave avec eux ou reste à la tente.

Ceci explique pout-être pourquoi les Beni-Allah fournissent les meilleurs soldats à nos corps indigènes.

LES BUISSONS VIVANTS.

J'étais conscrit.

Nous campions dans la plaine de l'Oued-Sebaoûn; nous allions soumettre les Kabiles en révolte.

En face du bivac se dressait le Djerjera, à la base sombre, aux flancs creusés d'abîmes, aux crètes neigeuses.

Nous attendions des renforts pour attaquer les nombreux villages qui allaient s'étageant du pied de la montagne à sa cîme.

Nous étions arrivés au camp vers midi; pendant sept heures nous avions pu contempler les barricades énormes dont l'ennemi avait hérissé les chemins que nous devions suivre pour arriver à lui; sentiers tortueux, bordant des précipices; voies périlleuses, où une poignée d'hommes arrête une armée.

Et ils étaient plus de vingt mille guerriers déterminés contre notre petite colonne.

Ma compagnie se trouvait désignée pour la grand'
garde; plus rapproché de l'ennemi, je vis les plateaux
tout blancs de burnous et je me demandai comment
nous pourrions triompher de nos nombreux adversaires.

Mais les vieux soldats riaient des réflexions que faisaient les conscrits comme moi, et ils nous racontaient
« *qu'ils en avaient vu bien d'autres.* »

Nous savions que c'était vrai et nous reprenions confiance.

Le soir vint.

La compagnie avait improvisé une espèce de redoute,
et je m'imaginais que nous allions tranquillement nous
coucher dans cette petite enceinte sous la surveillance
d'une sentinelle.

Mais point.

Le capitaine, dès que l'ombre se fit, ordonna d'abattre
le retranchement; il le fit rétablir beaucoup plus à
gauche et plus avant. Cette mesure me surprit, et je
murmurai d'être obligé de recommencer une besogne
pénible.

— Imbécile, me dit un sergent, tu ne comprends donc
pas que, si on restait la nuit aux places occupées pendant le jour, les Kabiles sauraient où nous nous trou-
vons et en profiteraient; on s'arrange toujours pour les
tromper et leur dresser des piéges. Nous serons attaqués
et tu verras comment nous les recevrons.

— Qui vous fait croire à une tentative contre nous,
sergent? demandai-je.

— La fumée des feux des montagnards; elle vient sur
nous. Pour ces gens-là, c'est un heureux présage; quand
ils le voient, ils décident toujours de tenter la fortune.

Puis le sergent, qui était un lettré, ajouta :

— Cette tradition leur vient des Romains : bon nombre de ceux-ci, colons en Afrique, se sont réfugiés chez les Berbères lors de l'invasion vandale, et ils leur ont donné leurs superstitions, en échange de quelques notions d'art militaire.

Cette preuve d'érudition chez un simple sergent pourra paraître surprenante, mais aux zouaves il n'est pas rare de trouver une trentaine de diplômés par compagnie ; celui qui entendrait certaines conversations tenues en plein Sahara autour des feux, serait fort surpris et se croirait dans un concile scientifique ou littéraire.

La redoute étant finie, le capitaine nous rassembla et nous dit :

— Vous avez vu la fumée, n'est-ce pas ?

— Oui, capitaine, répondit-on.

— Les calottes blanches donneront cette nuit. Il faut leur jouer un bon tour. J'ai calculé qu'ils marchaient sur le camp par le sentier sur lequel est établi notre petit fort, qu'ils croient toujours plus à droite, à son ancienne place. Les sentinelles tâcheront de voir venir l'ennemi du plus loin possible, et se replieront aussitôt sur le retranchement, qui est presque enterré ; les montagnards ne le verront qu'étant dessus. On les flambera par un feu de peloton à bout portant, et il ne s'agira plus que de les embrocher à la *fourchette*. Je compte que ce sera proprement fait.

— Oui ! oui ! capitaine, dirent les zouaves en riant.

Puis l'un d'eux ajouta assez familièrement :

— Le moment est arrivé, capitaine, de vous payer la graine d'épinards, on tâchera de vous servir ça.

Le capitaine sourit au vétéran qui lui promettait ainsi que la compagnie gagnerait à son chef l'épaulette de chef de bataillon. Il recueillait en ce moment ce qu'il avait

semé : brave, juste, intègre, soucieux du bien-être de
ses hommes, il s'était acquis leur dévouement; ils devaient le lui prouver cette nuit même.

Le moment était venu de placer les sentinelles; le capitaine fit une dernière recommandation :

— Quinze jours de *garde du camp* (prison en campagne) à celui qui tirera sur les *buissons-vivants*; je veux
qu'on les abatte à coups de baïonnette; les coups de feu
indiqueraient nos positions.

Nouveau venu aux zouaves, j'ignorais ce que c'était
qu'un *buisson-vivant*; on m'apprit que les indigènes
étaient les voleurs les plus habiles et les plus dangereux du monde entier. Pendant les expéditions, ils par-
venaient à enlever aux faisceaux des fusils, aux piquets
des chevaux, malgré les précautions que l'on prend.

Ils doivent passer à travers un cordon de sentinelles
posées à vingt pas l'une de l'autre; puis franchir les
fronts de bandière, où veille encore un second cordon
de factionnaires aussi rapprochés. Ces derniers factionnaires se promènent devant les faisceaux; c'est sous
leurs yeux mêmes que le Kabile accomplit son larcin et
souvent son assassinat; car, s'il se voit découvert, ou si
l'occasion s'en présente, il tue son adversaire. Après
avoir pris un ou deux fusils, le larron se glisse à travers les tentes où chacun sommeille, il s'approche d'un
cheval, coupe son entrave avec son couteau, saute en
selle et fuit avec la rapidité d'un coup de vent.

Les sentinelles tirent en vain; il est rare que le fugitif
soit atteint.

Comment les Arabes parviennent-ils à tromper ainsi
la vigilance d'une chaîne de factionnaires?

En se déguisant en buisson.

Ils se mettent entièrement nus; se frottent le corps

d'huile pour glisser dans les mains qui tenteraient de les saisir ; puis ils s'attachent autour des reins des branches d'arbres légères, mais longues et touffues, de façon à simuler un buisson.

Tenant un poignard dans une main, un pistolet dans l'autre, les Arabes s'avancent vers le camp, ralentissant leur marche à mesure qu'ils approchent ; quand ils se croient en vue des sentinelles, ils se mettent à une allure consistant en une sorte de piétinement qui leur permet de progresser sans secousse, sans pousser ni pierre, ni branches sèches, sans faire éclater aucun bruit. Ils se déplacent peu à peu ; ils mettent deux heures pour franchir une demi-lieue.

Le soldat, fatigué par la veille, confond ce buisson factice, dont le mouvement est imperceptible, avec les bouquets d'arbres et les broussailles qui couvrent le sol.

Il laisse passer.

Cette nuit-là je me rendis compte, par moi-même, combien il était difficile de reconnaître un *buisson-vivant*.

Désigné pour la faction, je fus placé, avec un autre zouave, au cœur d'un bouquet de lentisques ; — on est toujours deux à deux dans ces factions difficiles —.

Mon compagnon était un vieux troupier qui connaissait à fond son métier ; il arrangea notre embuscade : coupant une branche ici, en plaçant une autre là, disposant tout pour voir sans être vu ; surtout préparant des trouées pour pouvoir bondir contre les saracqs (voleurs) soit à gauche, soit à droite, soit en avant.

Cela fait, il me murmura à l'oreille :

— Je vais dormir pendant la première moitié de la nuit ; c'est la moins dangereuse ; tu m'éveilleras à une

heure du matin, à moins que tu ne voies un de ces gredins de voleurs, alors tu m'éveillerais. Compte bien tous
les buissons ; puis, chaque cinq minutes recompte-les ;
si tu en trouves un de plus, méfie-toi ; c'est un Arabe
qui avance.

— Quand saurais-je qu'il est une heure ?

— Lorsque cette étoile brillante sera sur le point de
se coucher, me dit mon compagnon en me montrant
Sirius.

Et il s'accroupit sur ses jarrets, à la mode musul-
mane, plaça son fusil entre ses genoux, sa tête sur ses
deux mains, et il sommeilla.

Quand mon compagnon eut cessé de me glisser tout
bas ses recommandations, quand je le vis immobile, je
me sentis tout esseulé.

Derrière nous, le camp, avec ses tentes blanches, dormait triste et silencieux ; ses feux mourants jetaient des
lueurs pâles ; on n'y entendait pas un bruit : les chevaux
eux-mêmes, écrasés de fatigue, ne poussaient pas de
hennissements.

Autour de moi je ne voyais rien ; les autres sentinelles
s'étaient cachées aussi.

Mais j'entendais bruire parmi les pierres, au milieu
des touffes d'herbe, sous et sur le sol, des milliers d'insectes et de reptiles qui, chassant ou chassés, poussaient
d'imperceptibles cris, empreints pourtant de férocité et
de terreur ; au loin, les chacals et les hyènes faisaient
résonner les ravins de leurs aboiements funèbres ; puis
je voyais des bêtes fauves rôder à distance, s'arrêter,
nous fixer et repartir sans oser avancer, flairant l'homme
et le redoutant. Ces yeux phosphorescents, dardés sur
moi, me causaient pourtant une indéfinissable sensation
de peur que je combattais de mon mieux.

Abandonné à moi-même, écoutant et regardant, tout saisi par les impressions qui m'envahissaient, j'oubliai d'abord de compter les buissons.

Je fixai le terrain devant moi.

Mais, après un quart d'heure de veille, je me fatiguai, et je compris que j'avais négligé une excellente précaution.

En effet, ma vue se troubla : les objets se mirent à danser ; il me sembla que les arbres, les pierres, le sol lui-même. tournoyaient dans une sarabande infernale.

Impossible de rien distinguer

Alors, pour me débarrasser de cette hallucination, je fermai les yeux ; puis je les ouvris, et je pus isoler chaque objet. — Je nombrai les touffes qui se dressaient à ma portée ; puis, au lieu de les regarder comme précédemment, je me contentai de les renombrer de temps à autre.

Cette faction me parut bien longue ; j'attendais fiévreusement l'attaque annoncée.

Enfin j'allais réveiller mon camarade, quand, en recomptant mes touffes (il y en avait précédemment huit), j'en trouvai neuf...

L'instant critique était venu.

Selon la recommandation de mon **compagnon**, je l'éveillai ; il se leva sans bruit.

Puis, d'une voix si faible que son souffle caressait à peine mon oreille, il me demanda :

— Où est-il ?

— Je sais, répondis-je, qu'il y a un buisson de plus ; mais je ne peux distinguer le faux.

Et, de fait, cela m'était impossible. Mais lui, vieux routier, ne s'y trompa pas ; il assura son arme dans ses mains et me fit signe de ne plus bouger.

Je regardai.

A quinze pas, je distinguai enfin le buisson vivant; il venait droit sur nous.

J'éprouvais un certain trouble en pensant que nos baïonnettes allaient trouer une poitrine.

Je me souvins que la veille on m'avait fait affuter la mienne; j'avais été enchanté de la trouver si pointue et si pénétrante que j'avais traversé un petit arbre de part en part, d'un coup lancé. A cette heure qu'il fallait s'en servir contre un homme, j'éprouvais une répugnance dont j'avais honte.

Révolte du sens humain contre la cruauté forcée du soldat.

Le buisson avançait toujours lentement, mais constamment; il se portait un peu à droite pour éviter la touffe que nous occupions; je n'en fus pas fâché.

J'étais du côté opposé; c'était à mon camarade à frapper. Il en parut enchanté autant que j'en pus juger par l'éclair qui fit resplendir ses yeux.

Le buisson était à cinq pas... Je sentis une goutte de sueur glacée tomber sur ma main.

Tout à coup mon compagnon fit un bond à travers le feuillage : je vis la baïonnette étinceler aux rayons de la lune, puis disparaître fouillant à travers la fausse touffe d'arbuste; l'homme qu'elle contenait fut traversé de part en part...

Il tomba... roide mort... sans un cri. Cette action avait duré dix secondes à peine.

Mon compagnon tira le cadavre inanimé et sanglant vers notre embuscade et le plaça entre lui et moi.

A un geste d'étonnement de ma part, il me dit :

— C'est pour que *d'autres* ne le voient pas; il en reviendra peut-être.

Ce mort me gênait.

Il me fut impossible d'abord de fermer l'œil, quoique mon tour fût venu de dormir.

— Tu t'y feras ! me dit mon ami.

En effet, une demi-heure après je m'étais assoupi ; ma tête reposait sur la poitrine du Kabyle.

Rien ne résiste au sommeil.

Vers trois heures du matin, je m'éveillai tiré par mon compagnon.

— Qu'est-ce ? demandai-je.

Il me montra un gros goûm (troupe) de Kabyles défilant, non loin de nous.

— Au lieu de battre en retraite, me dit-il, attendons ici qu'ils soient repoussés ; nous tomberons dessus, quand ils fuiront.

Les autres sentinelles sur notre droite avaient eu la même idée ; elles se rabattirent sur nous, si bien que nous composâmes un groupe d'une quinzaine d'hommes.

Tout à coup une explosion retentit ; c'était un terrible feu de peloton qui décimait les montagnards.

— En avant ! cria mon camarade.

Nous courûmes sur l'ennemi que chargeait la compagnie ; une mêlée s'engagea qui dura une minute à peine.

Les Kabyles se dégagèrent à coups de yatagan en poussant des cris de guerre affreux ; on les poursuivit pendant un demi-kilomètre ; puis on se rallia.

Des cadavres nombreux jonchaient le champ de combat.

Nous avions trois morts et cinq blessés ; les Kabyles avaient deux cent quatre des leurs sur le terrain.

Il y en avait cent quarante et un qui étaient percés à l'arme blanche.

Pour une minute de lutte ce chiffre me sembla prodigieux ; mais je songeai qu'on peut donner un coup de baïonnette par seconde et je cessai de m'étonner.

Pendant que je faisais mes réflexions on m'avait replacé en embuscade et mon camarade me dit :

— Tu n'es plus conscrit ; tu sais maintenant ce que c'est qu'un buisson vivant, tu n'as pas eu peur ; on peut compter sur toi.

Je me gardai bien de lui dire que j'avais l'air plus rassuré que je ne l'étais au fond.

On a toujours son grain de vanité et on tient à l'estime des autres.

Mataiotès! mataiôtélôn! disait saint Jean Chrysostôme : vanité des vanités!

II.

LES COULOUGLIS.

La plupart des Turcs qui vinrent en Algérie n'avaient pas emmené de femmes avec eux ; ils épousèrent des Mauresques ou des femmes arabes. Leurs enfants reçurent le nom de Coulouglis.

Les Coulouglis sont extrêmement dévoués à la France, qui pourtant les a ruinés par sa conquête. Ils occupent presque tous les petits emplois municipaux, tels que ceux de fontainiers publics, allumeurs de réverbères, etc., etc. Ils font toutes sortes de petits métiers ; ils s'occupent fort peu de leur progéniture qu'ils abandonnent plus ou moins, dès qu'elle peut courir. Les places, les bazars, les marchés regorgent d'enfants qui appartiennent on ne sait à qui, qui logent partout et nulle part, qui vivent on ne sait comment.

On les appelle Ouleds-el-Plaça (*les enfants de la place*). Le jour ils se tiennent aux abords des cafés ou des restaurants. A-t-on besoin d'un commissionnaire ? ils ac-

2

courent. Leur donne-t-on un paquet à porter? ils s'en
vont huit ou dix en courant le remettre à son adresse,
et ils reviennent de même. On leur jette deux sous, ils
les ramassent, achètent une galette, une tranche de pas-
tèque et se partagent le tout. Ils tiennent la bride des
chevaux, montent les plus rétifs et les domptent; ils
couchent en plein air et sont toujours propres et co-
quets, vifs comme des écureuils, espiègles, spirituels,
polis et complaisants. Vous laissez un peu de café dans
votre tasse; à peine êtes-vous parti qu'un Ouled-el-
plaça achève de la vider; il prend son gloria en détail,
mais peu lui importe. Il fume sa cigarette en ramassant
les brins de tabac éparpillés sur les tables; il est de
tous les festins, où il fait l'office de garçon avec beaucoup de dextérité. Son plaisir favori est la promenade
en mer et en voiture; si vous montez dans un canot, il y
a toujours un ou deux Ouleds-el-plaça qui ont trouvé
le moyen de se glisser jusqu'au gouvernail; si vous arrêtez le fiacre d'un Espagnol, il y a deux gamins juchés
sur le sommet de la voiture et un autre qui se suspend
derrière. Le cocher veut leur donner un coup de fouet,
ils ont disparu; il tourne le dos, ils sont revenus.

Les Ouleds-el-plaça ont pris l'habitude de se rassem-
bler tous au milieu de la place. Au premier coup de
clairon ils se mettent à danser et à crier comme des dé-
mons, tant que dure le défilé. On a essayé de tous les
moyens pour les empêcher de troubler la parade; on n'y
a jamais réussi. Un jour, ils ont entouré le commandant
de place lui-même et ont formé une ronde autour de lui.
De guerre lasse on les a laissés tranquilles.

Ils s'engagent presque tous, dès qu'ils ont quinze ans,
dans le corps des tirailleurs indigènes. Autant que possible, ils se font clairons ou tambours. Ils adorent le

tapage; dans la guerre ils ne voient qu'une occasion de faire du bruit et ne songent à la mort que pour en rire.

Du reste, ils sont aussi Français (ce n'est pas assez dire), aussi Parisiens que les enfants de nos faubourgs. Ils parlent notre langue avec l'accent des titis du boulevard, et emploient leurs locutions pittoresques ; comme eux aussi ils chantent les airs en vogue ; et nous sommes sûrs qu'à cette heure le refrain à la mode : *la Femme à barbe...* retentit dans les rues d'Alger. Quelques Ouleds-el-plaça ont un grain d'ambition : d'ordinaire c'est l'amour qui le leur donne.

La veuve d'un intendant militaire avait pris en affection un Ouled-el-plaça, et en avait fait son messager favori. L'enfant jouait souvent avec sa fille, une jolie blonde moins âgée que lui de quelques années. Peu à peu ils s'attachèrent l'un à l'autre ; puis tout à coup l'Ouled-el-plaça disparut au grand désespoir des deux Françaises. Cinq ans après, au retour de Crimée, un officier de turcos se présentait chez la veuve de l'intendant, c'était l'Ouled-el-plaça !

Il se fit naturaliser Français et épousa la jolie blonde.

IV.

LES DIEUX S'EN VONT.

Le général X*** était un excellént tacticien; il ne manquait pas d'esprit naturel et, n'était son ignorance au point de vue littéraire et artistique, il eût certes fait l'ornement d'un salon.

Malheureusement, il n'avait reçu qu'une éducation secondaire, et il commettait parfois des bévues comiques; mais il se tirait des situations les plus burlesques en désarmant les rieurs par ses bons mots, sa brusque franchise et sa bonhomie gauloise.

Le général voulut un soir donner une fête de nuit dans les magnifiques jardins de sa villa, située près d'Alger, dans la délicieuse plaine de Mustapha. Il voulait que son bal fût splendide, et il ne négligea rien pour rivaliser d'éclat et de magnificence avec le gouverneur de l'Algérie d'alors, dont le faste était célèbre.

Tout était pour le mieux et le général, huit jours avant la soirée, croyait n'avoir rien oublié dans le programme des embellissements, quand il s'avisa que son jardin manquait de statues.

Il savait qu'en ce moment un zéphyr travaillait, à Alger, au buste d'un colonel tué depuis peu et auquel on élevait un tombeau; ce soldat était un sculpteur d'un certain talent et le général, qui ne s'imaginait pas le temps qu'il faut pour modeler un groupe, ne douta pas qu'en huit jours l'artiste ne peuplât son jardin de dieux et de déesses mythologiques.

Donc, il fit demander le zéphyr.

Celui-ci se présenta, crâne, fringant, l'œil assuré. Ces troupiers fantaisistes poussent la désinvolture à un point incroyable; ils portent avec un brio inouï leur modeste capote grise, et ils ont un *chic ébouriffant* que jalousent les zouaves eux-mêmes.

Cerveaux brûlés, cœurs de feu, les zéphyrs, n'était l'ennui de la garnison qui les pousse à des coups de tête, seraient l'élite des régiments; malheureusement ces tempéraments, impatients du frein. se laissent emporter à des excès qui nécessitent leur envoi en Afrique dans des corps spéciaux où la discipline est terrible.

Et pourtant, ils trouvent le moyen de jouer des tours pendables à leurs supérieurs, et, le plus souvent, leurs farces sont si amusantes qu'on ne sait qui punir ou que l'on a trop ri pour n'être pas désarmé.

Le général attendait le zéphyr au milieu de son parc.

— Mon garçon, lui dit-il, tu as beaucoup d'adresse à ce qu'il paraît; voici ce que je voudrais de toi : je donne un bal de nuit samedi prochain; je désirerais orner mes bosquets de quelques statues; il me faudrait des Bacchus, des Apollons, des Vénus, tout le tremblement de l'antiquité... en plâtre.

— Pourquoi pas en marbre, pendant que vous y êtes?

2.

fit le zéphyr d'un air goguenard. Huit jours! C'est impossible!...

— Tais-toi, *fricotteur*, fit le général en fronçant le sourcil; je n'aime pas qu'on réplique.

— Mais, mon gén....

— Assez! Si tu n'as pas fini mes statues samedi à huit heures du soir, je te flanque un mois de prison.

Le zéphyr, un peu ahuri, regarda le général; celui-ci n'avait pas l'air de plaisanter.

— Combien te faut-il pour acheter ton plâtre? demanda le général.

— Cent frans, dit le zéphyr avec un sang-froid superbe.

Il avait pris son parti de la bizarre prétention de son chef.

Celui-ci trouva la somme un peu forte; mais il s'exécuta :

— Voilà cinq louis, *carottier*, dit le général en donnant les cinq pièces d'or au sculpteur; mais si le plâtre était à ce prix-là, on aurait de l'économie à bâtir les maisons avec des piles de douros (cinq francs). A samedi, huit heures.

— Mon général, accordez-moi minuit, puisque la fête ne commence qu'à une heure du matin.

— Soit! mais soigne bien ça; tâche surtout de réussir les déesses; fais-moi une Vénus bien ficelée.

— Ah! voilà, fit le zéphyr; je ne peux vous fabriquer que des dieux.

— Pourquoi?

— Parce que dans mon art chacun a sa spécialité; je n'ai jamais appris à sculpter des femmes.

— Diable! fit le général contrarié; c'est fâcheux. Enfin soit, pourvu que tu ne me manques pas de parole, je me contenterai de tes bonshommes. Allons, au revoir.

— Au revoir et merci, général ! fit le zéphyr en riant dans ses moustaches.

Et il s'en alla.

Le soir il menait grand bruit dans les cabarets d'Alger...

Il faisait danser les louis du général; durant huit jours, on le vit mener joyeuse existence par tous les cafés de la ville et de la banlieue.

La veille du samedi, le général manda le zéphyr.

— J'en apprends de belles, fit-il en tordant furieusement sa moustache; tu flânes au lieu de travailler; tu as fait scandale hier au café-chantant; tu as passé la nuit précédente au violon; tu as rossé un nègre dans la rue Bab-Azoun ce matin... tu...

— Mon général, interrompit le zéphyr, je ne peux modeler que quand je suis gris; beaucoup de grands artistes ont été comme moi; la preuve que je *pioche* après vos bonshommes, c'est que je fais tapage; je n'ai de l'inspiration que dans la surexcitation de l'ivresse.

— J'ai entendu dire, en effet, que beaucoup de sculpteurs étaient des pochards finis, murmura le général. Du reste, tu sais..., si tu n'es pas prêt..., au *bloc* (prison, en style de bivac).

— Sufficit! dit le zéphyr.

Et il tourna les talons.

Puis il se ravisa :

— Mon général, dit-il, une recommandation.

— Quoi !

— Engagez vos invités à ne pas toucher aux statues.

— Pourquoi?

— Parce que le plâtre sera encore tout frais et ça pourrait les détériorer; un rien suffit pour casser une statue qui sort du moule.

— C'est bien, on avertira son monde.

— Mais, mon général, ce sera bien difficile de dire cela verbalement à tant de personnes; moi, à votre place, je mettrais une pancarte à l'entrée des jardins avec deux quinquets de chaque côté, et j'écrirais sur cette affiche, en grosses lettres :

On est prié de ne pas toucher aux statues.

— Ma foi! tu as raison. C'est plus simple que de s'exterminer à dire cela à tant de gens.

— Je puis être sûr que vous n'oublierez pas la pancarte?

— Puisque je te le promets.

— C'est que, voyez-vous, si on s'avise de tâter mes plâtres, je ne réponds de rien.

— Sois tranquille, on respectera la consigne que je ferai coller bien en vue. A demain.

— A demain, mon général.

. . . .

Il était minuit, le général terminait sa toilette et jurait tous les mille diables de l'enfer, parce que son habit était trop étroit et que son maître Jacques, aposté à la petite porte du jardin, ne venait pas le prévenir que les statues étaient arrivées.

Mais enfin son majordome entra.

— Eh bien? fit le général.

— Il est en bas, dit le domestique.

— Et les Dieux?

— Il les a fait apporter sur des brancards par des nègres.

— A la bonne heure. Sont-ils beaux, ces Dieux-là?

— Dam', mon général, je ne les ai pas vus; ils étaient

couchés et couverts de linges. J'ai proposé au zéphyr de l'aider et j'ai voulu regarder une de ses statues; mais...

— Mais... quoi?...

— Alors il m'a envoyé un coup de pied quelque part en me disant de *fiche* mon camp, qu'il voulait placer ses œuvres lui-même et que si on l'*embêtait,* il casserait tout.

— Il a raison, ce garçon, dit le général enchanté d'avoir ses dieux; de quoi te mêles-tu? Il ne faut jamais contrarier les artistes.

Et le général acheva de se sangler pour entrer dans son habit.

Puis il descendit au jardin.

A l'entrée il trouva le zéphyr, en train de se disputer avec le majordome devant la pancarte où était écrit :

Ne pas toucher aux statues.

Le zéphyr trouvait les lettres trop petites et tempêtait.

— Mettez un quinquet de plus, dit le général, pour arranger le différend, et il emmena le sculpteur avec lui pour voir les dieux.

Ee zéphyr mena son général aux endroits les plus sombres.

— Où diables as-tu fourré tes plâtres? fit le général; tu les enfouis loin des illuminations, dans des bosquets touffus.

— Ça se fait toujours ainsi; dit le zéphyr; le plâtre aux lumières est affreux; il fait très-bien sous la feuillée, dans une demi-clarté. Vous allez voir un Jupiter superbe.

Et le zéphyr toussa fortement en approchant d'un berceau de verdure sous lequel était un Jupiter.

Le général poussa un cri d'admiration en apercevant une magnifique statue ornée d'une barbe splendide.

— Sacrebleu! fit-il en s'approchant; c'est réussi, ton Jupiter.

— N'est-ce pas, général?

— Le gouverneur sera furieux; il n'a pas de pareils chefs-d'œuvre dans son jardin. Mais dis donc, il ressemble au caporal-sapeur des zouaves?

— C'est lui qui a posé, mon général, fit le zéphyr.

— Tu peux te vanter de l'avoir reproduit traits pour traits. Allons voir les autres.

Et le général fit le tour des bosquets, s'extasiant ici devant un Bacchus, là devant un Apollon.

Seulement il remarqua que le zéphyr toussait chaque fois qu'il s'approchait d'un des endroits où s'élevaient ses chefs-d'œuvre. Il en fit l'observation.

— Mon général, répondit le sculpteur, c'est nerveux; c'est l'émotion. — On craint toujours d'avoir mal réussi.

— Voilà cent francs et ne tousse plus, dit le général, je suis content de toi.

— Merci, général! s'écria le zéphyr, et il s'esquiva...

Les invités arrivaient. Une demi-heure après le bal commençait.

De temps à autre des cavaliers et des dames qui, entre deux valses, s'étaient égarés dans les allées les plus couvertes, revenaient sur la pelouse où l'on dansait et faisaient compliment au général sur ses statues.

Le Jupiter surtout produisait un grand effet avec sa foudre en main et sa barbe vénérable.

Le gouverneur, au moment où il faisait son entrée, en entendit parler; il désira le voir.

Le général s'empressa de le conduire au berceau où se cachait le chef-d'œuvre; nombre d'invités s'y rendirent aussi.

On s'extasia.

Tous les officiers, tous les civils connaissaient le caporal-sapeur des zouaves et la ressemblance de la statue
avec le modèle était réellement frappante.

Tout à coup le gouverneur poussa un oh ! qui inquiéta
le général.

— Qu'avez-vous ? demanda-t-il.

— Rien : fit le gouverneur ; il m'avait semblé voir remuer la tête de la statue... une illusion.

— Mais non, fit un officier ; elle s'agite, tenez.

Tout le monde était stupéfait !

Le général n'en revenait pas.

Tout à coup la face du dieu se crispa, il parut faire un
violent effort pour se retenir, puis il éternua à outrance...

On juge de l'étrange surprise de tout le monde.

Le général effaré contemplait le miracle en roulant
des yeux égarés.

Soudain le dieu lui parla :

— J'fas fous tire, ma chénéral, fit Jupiter en jargon
alsacien, la gonsigne édait de ne bas remuer defant le
monte et de ne bas barler ; mais ie n'affre bas bu me
retenir d'edernuer.

Plus de doutes.

C'était le caporal lui-même badigeonné avec du plâ-
t^re.

Le général exaspéré arracha une branche de tuya
pour en houspiller Jupiter ; mais celui-ci sauta à terre
et s'enfuit au milieu des rires inextinguibles des spectateurs.

Les autres dieux, voyant leur camarade se sauver,
comprirent que leur situation n'était pas tenable ; ils
descendirent de leur olympe représenté par leur piédestal
et détalèrent d'un pas léger.

Gradén moi parmi les invités qui n'avaient pas quitté

le bal et ceux qui se promenaient dans les allées. Ce fut une scène exhilarante...

Le général avait renoncé à poursuivre son Jupiter, quand son majordôme ahuri accourut vers lui en criant, les bras levés au ciel :

— Général, général, les dieux s'en vont!

— Laisse-les partir, animal, lui répondit le général; c'étaient des faux-dieux...

Puis en à parte :

— Je ne m'étonne plus de ce que ce scélérat de zéphzr défendait d'y toucher...

Cet incident avait trop égayé les invités pour que leur hôte en tînt rancune à l'auteur.

Le zéphyr fut pardonné ainsi que les faux-dieux.

V

LE CHAMEAU D'OR.

En Crimée, le 2ᵉ zouaves faisait brigade avec deux régiments de ligne fameux : le 95ᵉ et le 97ᵉ.

Entre nous régnait une fraternité touchante; jamais nous n'eûmes la plus petite querelle avec les fantassins qui portaient ces numéros là.

L'union fait la force.

Aussi cette brigade fit-elle merveille au Mamelon-Vert et à Traktir.

Plusieurs mois avant cette bataille, par un beau soir de printemps, nous étions rangés en cercle autour d'un grand feu ; quelques-uns de nos amis du 97ᵉ étaient avec nous.

On causait.

Notre compagnie avait perdu un chameau qu'elle nourrissait depuis le commencement du siége et que nous avions trouvé errant après la bataille de l'Alma ; il s'était évadé; nous ne l'avions plus revu. Pourtant on avait espoir de le rattraper.

— A-t-on retrouvé le chameau? demanda un des zouaves.

— Non! répondit un autre. C'est comme le *chameau d'or* du sergent Thiriot, dont on parle toujours et qu'on ne voit jamais.

Ce sergent était un vieux troupier d'Afrique; il avait eu maintes aventures qu'il nous contait.

Mais il nous en avait dit une si merveilleuse que nous l'avions appelée la légende du *Chameau d'or*, refusant d'y croire.

— Sacrebleu! fit le sergent à cette allusion, il est bien fâcheux que je n'aie pas le temps de courir les camps; je vous amènerais des vieux soldats de mon temps qui ont vu le *chameau d'or*. Mais on est si souvent de tranchée qu'il est impossible de se promener dans les bivouacs. Comment diable pouvez-vous prendre pour un *blagueur* un troupier comme moi? Je ne suis ni vantard, ni menteur; vous le savez bien.

Le vieux sous-officier parlait avec l'accent de la vérité; mais son histoire était si invraisemblable!

Il nous avait conté qu'en son temps, presque au début de la conquête, les colonnes françaises avaient été suivies par un chameau sans cavalier, harnaché et caparaçonné avec un luxe inouï; que l'on avait cherché à atteindre cet animal sans y réussir, et que pendant deux ans au moins il avait rôdé à distance de nos régiments en marche; qu'ensuite il ne s'était plus montré.

— Voyons, dit un zouave qui avait remarqué le ton de sincérité du sergent, voulez-vous que nous ajoutions foi à votre histoire? Jurez-nous sur votre croix que vous avez vu le *chameau d'or*, de vos yeux vu.

Le vieux sous-officier montra une visible répugnance à faire ce serment.

— C'est stupide, murmurait-il, de mettre en jeu l'*étoile polaire* (la croix, en style de bivouac) pour une bêtise comme ça ; mais je suis trop vexé de vous voir incrédules. Tenez, je jure.

— Décidément, c'est vrai, murmura-t-on.

On ne pouvait plus douter et l'on demanda :

— Vous n'avez jamais su ce que c'était que ce chameau ?

— Jamais ! fit le sergent.

Notre curiosité était vivement excitée par la certitude que le sergent ne mentait pas et par le mystère qui entourait le *chameau d'or*.

Comme nous en devisions, une voix demanda derrière nous :

— Place au feu !

On s'écarta. C'était un caporal du 97e, vétéran à trois brisques, qui venait passer sa soirée aux zouaves.

— Il paraît qu'on parle du *chameau d'or*, dit-il en nous regardant à la ronde ; est-ce qu'il y a parmi vous des hommes qui l'ont vu ?

— Moi ! fit le sergent.

— Ah ! dit le caporal en frisant sa moustache ; vous étiez en Algérie de mon temps ?

— Vous l'avez donc entrevu aussi, vous, caporal ? demanda-t-on.

— J'en ai mangé, répondit sérieusement le vétéran.

— Ah ! par exemple ! exclama-t-on.

— Il n'y a pas de par exemple. J'en ai mangé. Je puis le prouver ; mon capitaine d'alors est colonel aujourd'hui ; on peut le questionner, il ne me démentira pas.

— Mais alors, il faut nous conter ça.

— Volontiers. Donnez-moi un sac que je m'asseoie
dessus; je ne sais pas m'accroupir à la turque, comme
vous autres; passez-moi du café, parce que ça rajeunira
mes idées et ouvrez les oreilles. Ceux que j'emb'terai
pourront fermer l'œil et ronfler.

Allumez les pipes, faites silence.

Cric, crac, je commence. Le vieux caporal huma son
café, frisa ses moustaches et nous regarda tous en souriant de la curiosité que nous témoignions; nos yeux
étaient braqués sur lui.

— Voilà, fit-il : C'était au commencement de la conquête; le troupier français n'était pas fendant comme
aujourd'hui, quoique aussi brave; mais on n'avait pas encore appris à tanner le cuir aux Arabes; tandis que
maintenant on sait le métier sur le bout du doigt; c'est
nous qui avons payé les frais d'apprentissage. Passons
et repassons, c'est fini; ceux que les chacals ont mangés
après les avoir déterrés, ne sont pas ici pour réclamer;
n'en parlons plus. Tout s'use, même les plus crânes
troupiers; quand la cruche se casse en allant à l'eau, il
n'y a rien à dire; si nos mères nous avaient faits de fer,
nous serions cuirassiers de naissance. Quoique le destin
tue l'homme, la balle n'est pas bonne à rencontrer;
mieux vaut ..

— Mais le *chameau d'or*, caporal? demanda-t-on.

— Nous y voilà; au début je dis des proverbes pour
gagner du temps, afin de me souvenir. Maintenant ça y
est !

Pour lors, nous avions poussé une pointe aux environs
d'Oran. Il y a là, près de la ville, à une étape, à peu
près, un grand lac salé qui vous a quinze lieues de long
et autant de large. Quand les conscrits voient ça, ils se
figurent que c'est le Sahara; il est de fait que ça y res-

semble en petit, comme qui dirait une mare à l'Océan.

Dans ce lac il y a, l'hiver, un pied d'eau ; l'été le soleil pompe le liquide, comme le gosier d'un ivrogne pompe le bon vin ; alors, la sebka (comme dit le bedouin) ressemble à une grande plaine de sable.

On peut la traverser en tous sens, et c'est ce que nous avions fait. Nous voulions arriver à un ruisseau qui s'appelle le Rio-Salado (rivière salée) ; si on lui a donné ce nom là, vous pensez bien que ce n'est pas parce que son eau est sucrée : la gazelle en boit ; c'est une bête qui aime le sel. Moi, j'ai souvent regretté de ne pas être comme elle, vu que j'ai souvent tiré la langue le long de ce damné ruisseau.

Il faut vous dire que depuis deux ans on parlait du *chameau d'or.*

Personne, chez nous, ne l'avait encore rencontré ; on racontait sur ce Mahari (car tout le monde s'accordait à dire que c'était un chameau coureur du Sahara), on racontait des histoires qui faisaient peur aux conscrits. On disait que la nuit il se montrait aux sentinelles et qu'il leur jouait mille mauvais tours ; c'était lui qui les fascinait, les occupait en passant et repassant ; puis, les Arabes en profitaient pour surprendre l'homme et lui couper la tête. Et c'était dans la sebka d'Oran que la satanée bête se montrait d'ordinaire.

Nous marchions.

On regardait de tous ses yeux.

Rien ne parut d'abord.

Mais voilà que vers dix heures du matin un point noir se dessine à l'horizon, grandit en avançant sur nous, et peu à peu on reconnaît un Mahari, qui s'arrête à un kilomètre environ, planté devant la colonne.

Cet animal était en effet bizarre, je vous assure ; on

distinguait ses harnais encore dorés, reluisant par place au soleil : c'était bien *lui*, le chameau d'or.

Il s'était fait un grand silence.

La colonne s'était arrêtée à contempler le Mahari ; lui, immobile, et comme cloué au sol, nous fixait.

Plus d'un se sentait mal à l'aise ; nous étions pourtant beaucoup ; mais le nombre ne fait rien dans les choses surnaturelles.

Le colonel, qui commandait la colonne et qui voulait nous prouver que ce Mahari n'était pas un être fantastique, lança des cavaliers contre lui ; il resta impassible jusqu'au moment où on allait le joindre ; puis, soudain, il fila avec une rapidité telle que jamais nous n'avions rien vu de pareil.

Les cavaliers revinrent et la colonne se remit en marche.

Mais chacun se disait :

— Il faudra ouvrir l'œil cette nuit, car le *chameau d'or* viendra *charmer* les factionnaires, et les Arabes seront là pour scier les cous.

Pendant toute la journée, le maudit animal fut en vue.

Il allait et venait tantôt en flanc, tantôt en queue, tantôt en tête ; arrivant dans un nuage de sable, se postant pour nous tenir sous ses yeux que l'on sentait braqués sur soi, puis repartant enveloppé dans un nuage de poussière.

Ces allures extraordinaires d'une bête en liberté nous avaient tous frappés ; peu d'hommes s'écartèrent du camp quand on y fut arrivé.

Je me trouvai de garde cette nuit là ; on me plaça à l'*avancée*, en sentinelle perdue, comme cela se pratique toujours en Europe, comme ça s'est fait trop longtemps

en Afrique, où les Arabes ont coupé la tête à tant de factionnaires.

Vous savez la consigne : « Défense de tirer sans tuer. » C'est une mesure prise pour empêcher le conscrit de donner l'alarme inutilement, et de décharger son fusil sur des pierres. Quinze jours de prison à qui fait feu sans présenter un cadavre au chef de poste.

Je veillais; mais je pensais au chameau d'or et je frissonnais un peu en y songeant.

Connaissant les Bédouins, pour ne pas être en vue, je m'étais creusé un trou dans le sable et je m'y étais installé.

Ça m'avait un peu raffermi le cœur; je me trouvais abrité et point en vue.

J'espérais que le Mahari ne viendrait pas.

Mais vers onze heures du soir j'aperçois le *chameau d'or* à une cinquantaine de pas de moi !

Le damné Mahari était là; la lune l'éclairait en plein et un objet que ses rayons frappent semble agrandi d'une façon extraordinaire.

La s...ée bête me paraissait démesurée.

Puis, en arrière, son ombre couvrait un espace immense, sombre, qui formait une grande tache sinistre sur le lac lumineux; car le sable reflète les clartés du ciel comme un miroir.

Jamais de ma vie je n'ai eu plus peur.

Des Bédouins, des Russes, l'ennemi enfin, ça ne fait pas trembler : on sait qu'on est devant des hommes.

Mais quand, loin de son camp, dans le silence de la nuit apparaît un être bizarre, inexplicable, on se sent frissonner; jusqu'alors on n'a cru à rien; on s'est moqué des fantômes.

Et un fantôme est là !

Car à n'en pas douter le *Chameau d'or* était quelque
chose de surnaturel.

Tout ce que l'on en avait raconté me revint à l'esprit :
les sentinelles égorgées; les vedettes disparues; les
mauvais sorts jetés sur les colonnes; et tant d'autres
histoires lugubres qui couraient les bivacs.

Je me sentis tout à coup si tremblant, si glacé, que
j'étais incapable de tenir mon fusil; je flageollais dans
mon trou et je serais certainement tombé, si j'avais été
debout.

Était-ce la terreur?

Était-ce un charme?

En tous cas je me trouvais dans l'état que m'avaient
si bien dépeint d'autre soldats que le chameau d'or avait
tenu sous son œil c'était le mot dont on se servait dans
les régiments.)

L'on avait été prévenu que tout homme qui fuierait
ou tirerait sur le chameau sans le tuer, serait passible
d'un conseil de guerre, je ne pouvais bouger.

Du reste je n'en aurais pas eu la force, tant ma *venette*
était grande.

Je me blottis dans mon trou; je me fis tout petit.

Alors le chameau d'or commença son manége ordinaire; il passa et repassa, s'arrêta, toujours se rappro-
chant de moi; et peu à peu mon effroi grandissait au
point que je craignis de devenir fou.

Quand on dit « blanc comme un linge » on ne dit pas
vrai; pas un homme ne peut avoir eu plus peur que
moi et j'ai vu sur mes mains l'effet que cela produit;
ma peau était jaune comme la cire d'un cierge.

Après bien des tours et détours, le Mahari qui n'était
plus qu'à une trentaine de pas se mit à marcher lentement tout droit sur moi.

Alors mon angoisse devint terrible; l'épouvante m'empoigna à la gorge; on dirait des doigts de fer qui étreignent le gosier et vous étranglent; j'aurais juré en sentir le froid.

Sûrement les yeux me sortaient de la tête.

Je ne respirais plus.

La grande pierre d'un tombeau juif, posée sur ma poitrine ne m'aurait pas oppressé davantage.

Et *il* avançait toujours...

Ma tête bourdonna; ma vue se troubla; un grand nuage passa entre la nature et moi; je ne vis plus rien, rien que le chameau d'or.

Un pas de plus et je tombais raide mort dans le fond de mon trou.

Mais il s'arrêta.

Je ne distinguais plus ni le sol, ni le ciel; pourtant il me parut que le Mahari ne bougeait plus. Je revins un peu à moi; je reconnus que je ne me trompais pas *il* se tenait debout, mais diminué de hauteur et il tremblait de tous ses membres.

A vingt pas de moi, je pouvais parfaitement saisir le moindre de ses mouvements.

Quoiqu'on en dise, l'homme a des voix secrètes qui lui parlent; quelque chose me dit que je ne devais plus avoir peur; ce fut si subit que la vigueur me revint d'un seul coup.

Je remuai mes doigts, immobiles l'instant d'avant; je serrai mon fusil avec joie dans mes mains; je vis avec plaisir ma baïonnette étinceler.

Mais un instinct intérieur m'avertissait que le Mahari ne foncerait pas sur moi; qu'une puissance invisible le clouait à sa place, qu'il avait grand'peur à son tour.

Je conçus même le singulier espoir que cet être bizarre allait s'enfoncer sous terre par un prodige dû à quelque génie bienfaisant, et disparaître pour toujours.

Je vous vois d'ici, fit le caporal, penser en vous-mêmes que j'étais un imbécile, que les miracles sont des contes bleus, que je rêvais.

Ici le caporal se leva :

— Eh bien! non, s'écria-t-il, nous dominant du geste et devenu éloquent comme le deviennent les hommes les plus simples, quand ils s'animent ; non je ne rêvais pas, non je n'étais ni fou, ni idiot : le miracle se fit, le chameau d'or fut englouti, et il reste encore dans l'armée des témoins du fait. Ecoutez-moi.

Il se rassit ; pas un de nous ne souffla mot ; nous écoutions bouche béante.

— Voila, reprit le caporal. J'étais rassuré ou à peu près, rien ne m'échappa. Le chameau d'or était diminué de taille parce que déjà, il avait du sable jusqu'aux genoux ; il enfonçait.

Il essaya de fuir, de ruer, mais rien n'y fit ; il ne put échapper à son destin.

Il était environ deux heures du matin quand cette merveilleuse disparition commença ; je me souviens de la disposition des étoiles.

A la frayeur avait succédé la curiosité ; si la consigne n'avait pas été si formelle, j'aurais eu l'audace de m'approcher du chameau d'or pour le voir de près et tâcher de me rendre compte de ce qui lui arrivait.

Bienheureuse consigne !

Elle me sauva la vie !

Je regardais de tous mes yeux ; je suivis pendant deux heures le phénomène qui se passait autour de moi.

Lentement, lentement, l'animal s'enfonçait ; son ventre se rapprochait du sol peu à peu ; il le toucha, mais on apercevait encore du jour, en certains points sous lui, dix minutes plus tard ces vides n'existaient plus.

Le corps s'engagea dans les sables ; il s'y enterra en une demi-heure, la bosse faisait encore saillie.

Une idée me vint,

— Gueuse de bête! pensais je, elle s'enterre elle-même.

Mais la réflexion me prouva que c'était impossible ; si le Mahari s'était creusé un trou, j'aurais vu le mouvement de ses jambes grattant le sable qui se serait amoncelé autour de lui.

Et maintenant, que la bosse n'était plus visible, le lac était uni comme une glace autour du cou du chameau d'or.

Car le cou seul, un grandissime cou, surgissait, bien découpé sur le bleu de l'horizon.

Vous dire comme c'est drôle de voir cette espèce de bâton, surmonté d'une tête, ce n'est pas facile ; imaginez-vous-le, vous qui avez vu des chameaux.

J'attendais le jour avec impatience ; j'espérais qu'à l'aube la tête ne serait pas encore ensablée.

Mais malheureusement le museau ne dépassait plus le sol que de quelques pouces, et le soleil n'avait pas encore paru. Vous savez qu'en Afrique il n'y a pas d'aurore ; le ciel se rougit un peu, puis le soleil resplendit tout à coup.

Je fus surpris par sa brusque apparition·

— Aux armes ! criai-je de toutes mes forces.

C'était mon droit; la nuit était terminée.

Le poste accourut.

— Relevez-moi de faction, dis-je au caporal, tout frémissant d'impatience.

— Pourquoi ? fit-il.

Je contai mon histoire en quelques mots.

Mes camarades me traitaient de visionnaire; mais je
leur montrai le bout des naseaux fumants du Mahari qui
jetaient une vapeur rougeâtre sous les premiers rayons
du soleil.

— Suis-je relevé? dis-je au caporal.

— Oui, fit-il.

Et nous courûmes au *chameau d'or*.

Mais près d'y arriver, (j'étais le plus avancé) je sentis
le sol céder sous moi; je me rejetai vivement en arrière...

Tout s'expliqua : le Mahari s'était enfoncé dans une
tourbe : les Arabes appellent ainsi un puits naturel plein
de sable mouvant, formé par l'infiltration des eaux pendant l'hiver. Il s'en trouve souvent dans les lacs salés et
dans le Sahara.

Nous autres, nouveaux venus en Algérie, nous igno-
rions cette particularité.

— Mais le chameau d'or? fit-on. D'où venait-il, lui?

— Nous fûmes renseignés là-dessus le jour même par
le fameux général arabe, Mustapha. qui était venu pour
nous rejoindre, répondit le caporal, reprenant le ton ordinaire des vieux troupiers.

Le *chameau d'or* appartenait à un Touareg qui avait
quitté le désert pour venir combattre les chrétiens : une
idée à cet homme; chacun les siennes.

Ce Touareg était un flambart, le coq de sa tribu.
Pour faire le crâne et *tirer l'œil* aux jeune filles arabes,
il avait couvert son Mahari d'une housse dorée, d'une
selle dorée, de harnais dorés; ça reluisait au soleil
comme une châsse; c'était joli au possible.

Pour lui, il n'avait qu'un burnous noir, mais c'était
un jeune homme superbe; puis, pour s'en refaire devant

les Arabes du Tell qu'il méprisait, il jetait des douros à pleines mains.

Bref il devint la coqueluche des femmes, et il se fit admirer des hommes, voire de nous autres.

Mon Touareg avait coutume de lancer son Mahari au galop contre nos colonnes (cette espèce de chameau va comme le vent); il l'arrêtait à cent pas des baïonnettes tirait dans le tas et repartait.

On lui lâchait une volée de balles, mais on ne le touchait pas.

Un jour pourtant un bon tireur le jeta bas d'un coup de fusil et voilà un homme mort.

On court; le Mahari était resté près de son maître; il s'enfuit à notre approche. On emporta le cadavre, on l'enterra; mais le Mahari (sauvage avec tout autre que son cavalier) se figura je ne sais quoi. Il resta, rôdant dans le lac Salé, vivant de chardons dans la forêt du Rio-Salado où il allait pâturer de temps en temps.

Ni les Arabes, ni nos soldats ne purent le prendre; quand il apercevait une colonne, il l'accompagnait de loin; il s'imaginait probablement que nous avions avec nous son maître qu'il nous avait vu emporter.

Voilà l'histoire vraie du Chameau d'Or; on le retira, mais il se cassa une jambe en se débattant; on l'abattit et j'eus ma part de sa bosse, dont je m'en suis donné une *de bosse*, vu que c'est un manger des dieux. Là-dessus, bonsoir, car voilà l'extinction des feux qui sonne.

Chacun se retira.

Depuis, j'ai pu me convaincre à bonnes sources que le caporal du 97ᵉ n'avait pas menti.

VI.

FUSILLÉ.

Pierre Bocher était un des plus beaux fantassins de la garnison d'Oran.

C'était un grand garçon, large d'épaules, mince de taille, souple et fort, que l'on avait nommé grenadier à cause de sa mâle prestance et qui avait su, dès le premier coup de feu, prouver que « le moral valait le physique » pour employer le style d'un capitaine rédigeant des notes sur ses hommes.

A Oran, Pierre, avec sa magnifique tête blonde et ses superbes moustaches fauves, avait fait tourner plus d'une tête catalane; les Espagnoles de cette province s'engouent facilement d'un joli soldat; ce Pierre fut l'enfant gâté des amours.

Pourtant il gardait toujours dans le fond de son cœur un souvenir à une petite fille de quatorze ans qu'il avait fraternellement aimée, alors qu'il était encore au fond de son village alsacien; il pensait à cette enfant-là quelquefois, et il se disait que Marguerite (c'était son nom) serait une charmante paysanne, quand il reviendrait au village. Il songeait qu'il avait eu tort de ne pas dire trois mots à sa mère avant de partir : « Gardez-la-moi. »

Bon travailleur, Pierre, quoique orphelin et sans fortune, supposait que les parents eussent souri à cette union, et, que le moment venu ils eussent dit à Marguerite : « Ne t'engage avec personne; il y a en Algérie quelqu'un qui t'aime. »

Il avait même écrit en ce sens; mais on ne lui avait pas répondu; la guerre, les distractions qui ne lui manquaient pas, la salle de police quelquefois, l'exercice souvent, cent raisons enfin l'avaient empêché de renouveler sa première tentative.

Les choses en étaient là, quand le bataillon reçut l'ordre de marcher sur Tlemcen.

Pierre en fut contrarié.

Il avait eu l'insigne honneur d'être remarqué par une senora de Carthagène, venue aux eaux des fameux *Bains de la reine*, près d'Oran; plus d'un officier se fût estimé heureux d'avoir gagné la tendresse d'une femme aussi distinguée que la charmante Carthagénoise qui avait donné son cœur à un simple fusilier.

Ce fut peut-être un malheur pour ce jeune homme d'avoir eu cette bonne fortune : il s'enorgueillit un peu; ses camarades le prisaient fort, il honorait l'épaulette des grenadiers; mais les chefs trouvèrent que Pierre devenait un peu plus rétif qu'il ne convient à un soldat.

Il en résulta quelques punitions qui lui firent tort plus tard.

Néanmoins il était encore grenadier (c'est-à-dire soldat d'élite) en arrivant à Tlemcen; mais son capitaine l'avait averti qu'il le ferait casser s'il ne savait pas « se taire dans le rang, » comme c'est le devoir d'un troupier.

Le grand défaut du beau grenadier était d'être *figno-leur*; il enjolivait son uniforme, contrairement aux ordonnances; il faisait *fantasia*.

Or, dans sa compagnie était un sergent rigide pour qui le règlement était la loi et les prophètes, l'arche sainte à laquelle il ne fallait pas toucher; ce vieux serviteur ne supportait pas la plus légère infraction, et il faisait impitoyablement coucher à la salle de police quiconque s'en permettait une.

De là une rancune de Pierre contre ce sous-officier.

L'on fit à Tlemcen une entrée presque solennelle; tous les habitants étaient accourus pour voir le nouveau bataillon; Pierre se trouvait à l'avant-garde avec la section de grenadiers; il fit sensation parmi le beau sexe. Les Françaises lui souriaient; les juives le regardaient de leurs grands yeux mélancoliques; les femmes arabes écartaient leur voile pour le suivre du regard plus longtemps, et les négresses lui grimaçaient leur rire démesuré.

Pierre, accoutumé à cet accueil, se contenta de dire à son voisin :

— Je crois qu'il y aura de *l'agrément* ici.

Et il oublia la *senora* dont le souvenir l'avait poursuivi tout le long de la route.

Mais tout à coup il poussa un cri de surprise.

Il avait aperçu une jeune fille ressemblant à Marguerite à s'y méprendre; cette jeune fille de son côté avait jeté une exclamation joyeuse; puis elle s'était précipitée au cou de Pierre tout naïvement; car c'était bien la jeune alsacienne, et, elle aussi, au village, elle aimait Pierre comme un frère.

Le jeune homme dit un mot à son lieutenant, qui acquiesça d'un signe de tête, et il sortit des rangs.

Le père et la mère de Marguerite étaient dans la foule ; toute la famille avait émigré et s'était installée à la Sep-Sep, beau village des environs de Tlemcen.

Pierre s'expliqua pourquoi on ne lui avait pas répondu.

C'était Marguerite qui avait voulu assister à l'entrée du bataillon ; elle avait retenu le numéro du régiment où son ami avait été envoyé, et elle se disait : « Je le verrai peut-être. »

Entre jeunes gens qui se sont connus, qui se sont aimés enfants et qui se revoient, la passion va vite.

Pierre ne demanda même pas à Marguerite, qui était d'âge à se marier, si elle le voudrait pour mari : il lut cela dans ses yeux.

— Je n'ai plus qu'une année de service à faire, lui dit-il après cinq minutes de conversation ; je puis obtenir un semestre, puis un congé provisoire en attendant mon renvoi définitif ; je demanderai une concession, et je t'épouserai.

(Il avait toujours tutoyé Marguerite).

— Quel bonheur ! fit celle-ci.

Et un baiser scella ce pacte franchement offert, naïvement accepté.

— Je vais rentrer à la caserne, dit Pierre, et je te reverrai dans une heure.

— Va vite, nous t'attendons, dit Marguerite.

Pierre partit, non sans retourner plusieurs fois la tête ; il ne se doutait guère de ce qui l'attendait.

Le commandant du bataillon était ce que les troupiers appellent un *cocardier*, c'est-à-dire qu'il mettait une importance extrême à ce que ses hommes brillassent par leur tenue soignée et sévère ; il avait choisi en arrivant

au quartier, le sergent de Pierre pour veiller à la porte
à ce que personne ne sortît sans être irréprochable; il y
tenait d'autant plus qu'il savait qu'après une marche,
les uniformes sont un peu délabrés, et il ne voulait pas
qu'on vît ses hommes se promener couverts de poussière.

Pierre rentra, prit possession de sa place de cham-
brée, donna un léger coup de brosse à ses effets, un autre à ses souliers et voulut sortir.

— Demi-tour! lui dit son sergent de planton chargé
d'inspecter les soldats. Vous êtes couvert de taches,
votre ceinturon n'est pas astiqué, votre poignée de sabre
est terne.

— Sergent, je suis pressé, dit Pierre, laissez-moi
passer.

— Pas d'observations, vous sortirez quand vous serez
en tenue.

— Vieille ganache! murmura Pierre entre ses dents.

Le pauvre garçon était si contrarié, qu'il ne put retenir cette injure que le sous-officier entendit.

Celui-ci appela le caporal de garde et lui dit :

— Conduisez ce grenadier à la salle de police pour
quatre jours.

— Moi, s'écria Pierre, au *bloc* (prison), aujourd'hui que
Marguerite m'attend, jamais !

Et il chercha à passer en forçant la consigne.

Mais le caporal le maintint en appelant la garde, qui
s'empara du grenadier.

Pierre était exaspéré; Pierre était naturellement violent; Pierre détestait ce sergent, qui l'avait puni plus
d'une fois ; se sentant entraîné par les hommes du poste,
il fit de la *rébellion*, il lutta et perdit la tête au point de
frapper un de ses camarades.

— En voilà pour un mois! dit le caporal; le colonel n'aime pas ces révoltes-là.

A l'idée de ne pas revoir Marguerite d'un grand mois, Pierre entra en rage; il se débarrassa de l'étreinte des hommes de garde, bondit contre le sergent, le frappa, le terrassa, et lui meurtrit le visage.

Tout le poste accourut...

On arracha le sous-officier des mains de Pierre, qui fut conduit aussitôt à la salle de police. Il cessa de résister : il était consterné.

A un rêve de bonheur succédait une sombre réalité.

Car il n'y avait pas à en douter, il serait fusillé, les voies de fait envers un supérieur, dans le service, entraînent la mort sans rémission.

Tout se réunit contre lui : certaines notes dont nous avons parlé, qui indisposèrent ses juges en le montrant souvent puni pour insolence et tenue irrégulière; puis, en deux mois, trois voies de fait commises par d'autres soldats dont la peine avait été commuée, ce qui rendait un terrible exemple nécessaire.

Le sergent, cause involontaire de cette affaire, fit en vain tout son possible pour innocenter le coupable, qui fut condamné, et dont le recours en grâce fut repoussé.

Pierre voulut épargner à Marguerite le désespoir et les angoisses; il instruisit par lettres ses parents de son malheur et les pria de le cacher à la jeune fille, à laquelle on fit croire que son fiancé avait été envoyé en détachement aussitôt après son arrivée; plus tard, on devait lui annoncer qu'il était mort en combattant.

Le jour fatal arriva. Pierre se conduisit en brave.

Toute la garnison était là sous les armes; nous le regardions avec admiration et nous étions profondément tristes : il était calme sans forfanterie.

Les femmes qui assistaient à cette scène sanglotaient, les hommes même avaient des larmes aux yeux; nous étions nous-même plus émus que nous n'aurions voulu le paraître.

Pierre commanda lui-même son feu d'une voix sonore, et il tomba sans sourciller.

Il y eut un grand cri dans la foule, suivi de longs murmures.

Le docteur s'approcha, déclara mort le condamné, et il fut déposé dans le cercueil que l'on tenait près de lui, selon la coutume. Le corps tout sanglant fut emporté à l'hôpital, où il devait passer la nuit, l'enterrement n'ayant lieu que le lendemain.

On ne mena pas grand bruit dans les cantines ce jour-là.

Mais voilà qu'au soir, une nouvelle extraordinaire se répandit : Pierre n'était pas mort... Il avait reçu dix balles; il avait été comme foudroyé, et pourtant il avait repris connaissance dans sa bière.

Il n'avait que le souffle, il est vrai : la poitrine était trouée de trois balles, sans compter celles qui lui avaient fracassé le bras; on ne comptait pas sur une guérison.

Il guérit pourtant..... Grâce à la science du docteur Larby, celui que les soldats ont poétiquement nommé Trompe-la-Mort, et qui accomplit ce prodige de ressusciter Pierre...

Marguerite obtint la permission de s'asseoir à son chevet; elle y resta trois mois... Puis une longue convalescence succéda à la maladie; enfin, le pauvre condamné fut complétement rétabli. Mais il était amputé du bras droit. Sa grâce pleine et entière lui avait été accordée; sa classe était renvoyée dans ses foyers.

Il épousa Marguerite.

Le jour de sa noce (j'en étais), il reçut un envoi qu'il n'attendait pas : c'était une dot que la senora X... faisait à Marguerite; la belle Espagnole, instruite de l'aventure de Pierre et le sachant hors d'état de travailler aux champs par suite de ses blessures, trouvait le moyen délicat de donne l'aisance à ce grenadier galant, qu'elle avait toujours trouvé galant homme.

Le marié avait voulu porter pour la cérémonie l'uniforme, troué de balles, qu'il avait lors de l'exécution. On imagine quel effet saisissant produisit cette fantaisie de Pierre.

Aujourd'hui, Pierre le *fusillé*, comme on l'appelle, est devenu un riche colon, et il est heureux avec sa petite Marguerite, la plus jolie fermière des environs de Tlemcen.

VII.

TOUT CE QUI RELUIT N'EST PAS OR.

C'était pendant l'une de nos expéditions dans le sud de l'Algérie.

Nous allions soumettre des tribus du désert qui avaient prêté aide et protection à des tribus du Tell; jamais nos colonnes n'eurent plus chaud, plus soif et plus faim.

Un grand convoi suivait les régiments, portant les vivres et l'eau à travers ces sables arides; des tirailleurs nombreux et des pelotons de cavalerie le protégeaient depuis l'entrée en campagne; mais il arriva qu'un certain jour les Arabes attaquèrent nos bagages avec tant d'acharnement, que l'on dut en doubler la garde.

Ce jour-là, un renfort de chasseurs d'Afrique, envoyé de Laghouat, nous avait amené un couple assez original : un touriste anglais et son domestique, qui durent marcher au milieu du convoi.

Le troupier français a ce bizarre côté de caractère qu'il est fataliste; tous nos écrivains militaires l'ont constaté.

Or, la furieuse charge de l'ennemi ayant eu lieu le jour même où l'Anglais et son groom avaient paru, les soldats prétendirent que l'*English* (sic) avait porté malheur à l'escorte.

Plus tard, ce fut bien pis.

A partir de ce moment, les cavaliers indigènes ne cessèrent de harceler le convoi, ne lui laissant ni repos, ni trève; si bien qu'il fallut l'énergique intervention d'un général pour défendre aux soldats du train de chasser l'homme auquel ils attribuaient leur déveine.

Mais ce que personne ne put empêcher, ce furent les quolibets et les rires dont on saluait le maître et le laquais, quand ils apparaissaient le matin à la levée du camp.

Le touriste (un *excentrique* s'il en fut jamais) avait cru devoir faire une concession aux us et coutumes du pays : il portait le burnous; mais au lieu du fin et délicat burnous blanc, dont nos officiers savent se draper gracieusement, il en avait un de couleur sombre, en poils de chameau.

Puis, contraste qui amenait un sourire sur les lèvres les plus sérieuses, il s'était coiffé d'un chapeau noir! ..

Qu'on s'imagine cette tête d'Anglais, devenue rouge-brique au soleil, ornée de favoris filasse, agrémentée de deux accroche-cœur singeant l'étoupe, guindée dans un immense faux-col et placée sous le burnous...

C'était à se tordre.

Derrière ce singulier personnage resplendissait un grand coquin de groom, doré sur toutes les coutures.

Le drôle poussait si loin l'amour du galon, qu'il en avait ceint l'immense chapeau de paille dont sa tête niaise était ornée. La face de ce faquin exprimait la bête sottise; c'était le prototype du valet qui se gonfle

dans son importance et se croit un personnage parce
qu'il est affublé d'une livrée.

Son maître actuel l'avait trouvé sans place, à Alger,
par suite de la mort du général, comte de X***; mais
Jean (c'était le nom du laquais) n'avait consenti à servir
sir Georges R...t qu'à la condition expresse d'être bien
et dûment galonné. Le touriste, que cette manie n'offus-
quait point, y avait consenti.

Et c'est ainsi qu'ils traversèrent l'Algérie en tous sens,
à la suite de nos colonnes. (Sir Georges R...t avait la
passion de ces sortes de voyages.)

Pas un soldat, j'en suis certain, n'a oublié ce couple
d'originaux.

Les Arabes aussi doivent s'en souvenir; sous les tentes
et dans les cases des oasis, ils doivent en parler encore.

Nos soldats persistaient à supposer que c'était la présence des deux grotesques qui leur valait ces mêlées
meurtrières; leur mauvaise humeur s'accroissait de jour
en jour et la position commençait à ne plus être tenable
pour sir Georges R.. .t, quand un accident arriva où il
risqua sa tête.

Les Arabes ayant, un matin organisé une embuscade,
simulèrent une attaque, attirèrent l'escorte du convoi
assez loin de celui-ci, puis un goûm (troupe armée)
caché dans un pli de terrain, fondit sur le convoi, y jeta
le désordre et le pilla dans la bagarre. Jean fut enlevé
avec sir Georges.

Chose étrange!

Depuis lors, le convoi fut tranquille et les troupiers
ne manquèrent pas d'en tirer des arguments en faveur
de leur croyance à la *malechance*.

Les indigènes, qui d'ordinaire massacrent leurs prisonniers, se montrèrent fort doux et très-respectueux

envers maître Jean qu'ils conduisirent dans une oasis ; on lui offrit la diffa (repas d'honneur), ce qui plongea son maître dans une stupéfaction profonde ; Jean, qui ne comprenait pas un mot d'arabe, mais qui se voyant entouré de soins, avait repris confiance. Sir Georges s'étonnait des bons traitements dont son valet était l'objet ; mais quand il le vit, au festin, se préparer à s'asseoir à la place d'honneur sur l'invitation des indigènes, il se dit que du moment où ceux-ci se conduisaient avec tant d'égards, il devait leur prouver que leurs hommages s'adressaient mal ; il voulut punir son laquais d'accepter des honneurs à lui dus, sans protester, et il l'empêcha de s'asseoir en lui envoyant vers la région des reins un coup de pied inspiré par une indignation bien sentie.

À cet outrage, les Arabes se jetèrent sur le coupable qui manquait de respect à un aussi grand chef ; si Jean l'eût voulu, la tête de son maître tombait ; mais il intercéda par signes et obtint qu'on le laissât impuni ; il parvint même à lui faire servir à manger.

Sir Georges n'était pas à bout de surprises ; plus il avançait dans le cours de cette aventure, plus la conduite des indigènes devenait énigmatique. Ils ne négligèrent rien pour charmer Jean ; il y eut devant lui des danses de jeunes filles après le festin, et maître Jean ayant paru remarquer une des danseuses, on la lui offrit pour femme, séance tenante.

Les mariages se font ainsi en Afrique sans grande cérémonie.

Jean se garda bien de refuser ; et le drôle « cueillit une des plus jolies roses du Sahara, » pour employer la métaphore arabe.

Sir Georges, lui, pressentait, sans se l'expliquer, qu'il n'aurait même pas obtenu la main d'une négresse s'il l'eût demandée. Pendant que Jean célébrait ses noces dans une nuit de fête, le pauvre Anglais se lamentait; mais au matin, rudement éveillé par les Arabes, il vit aux mains de ceux-ci la livrée de son domestique; on lui remit aussi une brosse trouvée dans le sac d'un soldat tué et dévalisé, et on fit comprendre au prisonnier qu'il devait nettoyer les habits de son valet.

Il fit mine de résister; on le décida en lui administrant un coup de matraque (bâton). Sir Georges dut reporter à Jean sa livrée et l'aider à faire sa toilette. Il trouva son laquais bouffi d'orgueil, étalé sur un sofa, entouré de nègres et prenant des airs protecteurs.

— Ah! ça, drôle, dit sir Georges, j'espère que vous n'allez pas exiger que je vous serve?

— Mon cher, répondit Jean, les Arabes m'ont fait leur chef; je ne comprends pas ce qu'ils me disent, mais je vois bien qu'ils m'ont pris pour leur roi. Je vous ai assez brossé; ça m'amuse de me faire brosser par vous, maintenant. Et...

Il n'acheva pas; sir Georges voulut bondir sur lui; mais les nègres que l'on avait donnés à Jean s'y opposèrent et maintinrent l'Anglais; pendant que des poignets vigoureux le tenaient en place, l'ex-laquais rendit avec usure à son maître ce qu'il en avait reçu la veille... à la même place.

Puis il fit signe qu'on le mît à la porte.

On peut juger de la rage de sir Georges; jamais pareil affront n'avait déshonoré sa personne. Il n'eut pas le temps de réfléchir longuement sur cet outrage.

Presque aussitôt un cavalier vint lui ordonner de le suivre, et il le guida vers le camp français. Ce cavalier, arrivé à une lieue de nos tentes environ, remit au prisonnier une lettre écrite en arabe, au bas de laquelle était la signature de maître Jean. L'Arabe fit signe qu'il fallait porter ce message aux Français.

On pense que sir Georges ne se fit pas prier : c'était sa liberté.

Il se présenta au général, lui conta son aventure et lui remit la missive. Le général de notre colonne la lut et éclata de rire : les Arabes lui mandaient qu'ayant pris un des plus grands chefs français, ils désiraient traiter de sa rançon ; ils avaient fait apposer au captif son parafe en signe d'approbation.

Sir Georges s'expliqua tout.

Ignorant nos mœurs, ces pauvres Bédouins du Sahara s'étaient imaginé que Jean était un personnage de la plus haute volée ; un quidam aussi éblouissant leur avait jeté de la poudre aux yeux ; ils furent convaincus, dès qu'ils le virent, que nul chef dans la colonne ne l'égalait.

Comme il se tenait au convoi, et que c'est chose assez facile de jeter le désordre dans les bagages, ils conçurent l'espérance de s'emparer du *Kebir* (grand chef), comme ils disaient : de là leurs attaques incessantes et vigoureuses.

De là aussi leurs salamaleks et leurs attentions pour leur noble prisonnier.

« Si nous maltraitons le kebir (chef français), pensaient les Bédouins, une fois échangé contre une rançon, il cherchera à se venger ; tâchons qu'il ne nous garde pas rancune. »

Partant de ce principe, ils n'avaient rien négligé pour le charmer.

On peut juger si cette méprise amusa le général, son état-major et tout le camp qui en fut bientôt instruit.

— Qu'allez-vous faire pour ce cuistre? demanda sir Georges.

— Je donnerais mille livres pour qu'il fût délivré.

— Après ce qu'il vous a fait? fit le général étonné.

— Précisément à cause de cela, répondit l'Anglais.

— Peste! quelle générosité! Rassurez-vous sur son compte, il sera ici dans une heure. Un fort contingent d'une tribu voisine, alliée secrètement à nous, est entré dans l'oasis sous prétexte de prêter main forte à ses défenseurs; à midi, ils doivent s'emparer du Ksour (bourg). Il est onze heures; dans deux heures on vous ramènera votre laquais.

Les choses se passèrent comme le général l'avait annoncé. La ville fut prise par nos alliés, et on vit un groupe de leurs cavaliers accourir vers le camp suivis des principaux *chefs* du Ksour qui venaient implorer leur pardon; au milieu d'eux était Jean, qui ne comprenait rien à toutes ces péripéties.

— Grâce, général, crièrent les vaincus en se jetant aux genoux de notre chef de colonne; nous t'avons conservé sain et sauf le *Kebir* que voici; il te dira que nous l'avons bien traité.

Mais déjà sir Georges avait empoigné Jean au collet d'une main et de l'autre il le houspillait avec une canne de palmier, au grand ébahissement des Arabes!

On leur expliqua leur bévue; et ils eurent à payer une forte amende malgré les égards qu'ils avaient montrés a maître Jean; lui et eux apprirent à leurs dépens que « tout ce qui reluit n'est pas or. »

LA VIPÈRE CORNUE.

En relisant le Scarabée d'Or d'Edgar Poë, je me suis souvenu d'une aventure qui m'arriva quelque mois après mon entrée au deuxième régiment de zouaves.

Nous tenions garnison à Oran, et mon esprit fut d'autant plus frappé des bizarres circonstances qui entourèrent l'événement dont je veux parler, que mon imagination avait été vivement impressionnée par les étrangetés de cette terre d'Afrique, pleine de contrastes pittoresques, d'anomalies saisissantes, d'harmonies inexplicables et de mystères insondés : « Région voilée ! » comme disent les Arabes.

Il semble qu'à chaque pas un sphinx se dresse pour vous jeter une interrogation qui vous inquiète, vous menace, vous irrite et vous fascine.

Ce qui étonne surtout, c'est l'opposition inouïe que forme notre civilisation, là où nous l'avons implantée, avec l'aspect sauvage de la nature, aux portes même de nos villes.

J'y songeais un soir, où, du haut d'une promenade couronnant les falaises du port, j'apercevais et la cité aux maisons blanches et les noires montagnes qui l'entourent.

La nuit s'était faite brusquement : une nuit splendide.

La brise tiède et parfumée soulevait faiblement les flots qu'elle poussait mollement sur la plage; l'onde caressait la terre en exhalant des soupirs d'une douceur infinie.

Le ciel, resplendissant de feux, illuminait la mer profonde; et les vagues ondulantes semblaient rouler des milliards d'étoiles dans leurs plis phosphorescents.

Oran se déroulait sous mes pieds, joyeuse et folle en ses plaisirs bruyants; ses innombrables terrasses, les minarets de ses mosquées, les silhouettes de ses forts, sa sombre Casbah suant le crime, se profilaient sur l'azur; à une hauteur prodigieuse, se dressait le Santa-Crux, vieux volcan sinistre aux feux mal éteints.

Du point où je me trouvais, j'entendais les fanfares des *guinguettes* où *Chauvin* s'amusait et les hurlements des fauves, errant dans les ravins du mont.

A trois cents pas de moi, hors des murs, une hyène poussait ses rauquements lugubres et flairant les émanations d'un cimetière; sous les arbres voisins, un officier de spahis tenait une brune Andalouse enlacée à son bras.

L'écho mêlait les sinistres plaintes de la bête féroce affamée au bruit charmant des murmures d'amour.

J'attendais, me laissant aller au charme puissant de cette scène, l'heure de monter au Santa-Crux; il s'agissait pour moi d'aller apprendre à la cime de ce pic, comment on *tient son âme* — selon le mot arabe.

Nombre de conscrits sont sujets la nuit, en Afrique, à
des terreurs vagues, causées par les cris lamentables des
chacals, clamant dans les ténèbres; comme rien n'est
plus dangereux que de confier à un poltron la garde
d'un poste endormi, comme tout soldat est oppelé à faire
le service de sentinelle perdue, on engage ceux qui ne
se sentent pas sûrs d'eux-mêmes, à passer plusieurs
nuits dehors pour s'aguerrir; excellente méthode, qui
laisse un jeune homme se mesurer à lui-même les épreuves
et qui lui donne le vrai courage peu à peu.

Je réfléchissais donc à l'ascension que j'allais tenter,
quand je me sentis touché à l'épaule; je me retournai et
je vis aerrière moi un colporteur juif que nous avions
surnommé Mathus, (abreviation de Mathusalem), parce
qu'il paraissait plus que centenaire.

Il courait sur ce vieil homme des bruits fort singuliers;
on affirmait qu'il avait trouvé moyen de vivre au delà
de toutes les limites connues; on disait qu'il usait de
son secret pour allonger l'existence d'un chien, fidèle
compagnon, qui depuis cinquante ans et plus le suivait,
le nez sur ses talons. Ce chien tout gris de vieillesse,
était cassé comme son maître.

C'était un grand souloughi (lévrier) d'apparence fati-
dique, un chien comme on en prête aux sorciers du
moyen-âge.

Il était avéré que, devant le général Lamoricière curieux de savoir à quoi s'en tenir sur le père Mathus, un
ex-janissaire du bey, devenu notre interprète, avait juré
par le Prophète que, pour sa part, il avait pleine et lucide
souvenance d'avoir jeté des pierres au chien du Juif, à
l'âge de sept ans : ce janissaire dépassait la cinquantaine. Et l'homme et l'animal semblaient alors déjà
très-âgés.

Mathus était sordidement vêtu, selon la coutume des israélites avant notre conquête.

Il allait, plié en deux, appuyé sur un grand bâton noir, rasant presque le sol de la pointe de sa barbe démesurée ; barbe vénérable, douce, soyeuse et si blanche, qu'elle éblouissait comme une neige immaculée.

Le crâne du centenaire était singulier ; il n'avait pas un cheveu : les bosses en apparaissaient à nu : elles frappaient par leur contexture tourmentée et leurs énormes protubérances ; on eût dit des loupes.

Pour s'imaginer quelle était sa physionomie, il faudrait se représenter une face de squelette, recouverte d'un parchemin, usé par le frottement en de certaines places, racorni par le feu, en de certaines autres ; puis placés dans des orbites démesurés, sous des cils d'une prodigieuse épaisseur, des yeux petits, profonds, clignotants, et luisants par échappées, comme ceux du loup dans l'ombre.

La main était remarquable, *craquante* et *claquante*, disions-nous, parce que l'on entendait le cliquetis des osselets ; la peau calleuse et rugueuse donnait aux doigts des nodosités comme il s'en voit aux pattes des vautours ; les ongles formaient griffes.

En somme, Mathus était une espèce de momie vivante et marchante, produisant sur ceux qui la voyaient pour la première fois un effet funèbre ; on eût dit d'un mort desséché dans la tombe, et sorti de son cercueil pour se mêler aux vivants.

Mais, à la longue, on s'habituait à lui comme on s'habitue à tout.

Nous, soldats, nous le connaissions beaucoup ; il nous vendait une foule de menus objets contenus dans un éventaire suspendu à son cou. Les uns le disaient riche.

d'autres pauvre. Mais, peu soucieux de ce qu'il pouvait être, nous achetions son fil et son cirage parce qu'il se contentait d'un gain modeste.

Il ne parlait presque jamais; pourtant il m'avait questionné deux fois pour me demander des renseigne-ments sur les reptiles (j'en faisais collection).

Souvent il prenait sur ma planche, dans la baraque où nous campions, un gros volume d'histoire naturelle et le compulsait avec intérêt.

Curiosité bizarre pour un colporteur.

Tel était l'homme qui m'avait touché l'épaule.

J'étais assez intrigué de savoir ce qu'il me voulait.

— Viens!... me dit-il laconiquement.

— Où cela? demandai-je.

— Viens, répéta-t-il, tu le sauras.

J'éprouvais une indéfinissable sensation, mélange d'étonnement, de joie et d'appréhension, en présence du personnage quasi-fantastique qui me *voulait quelque chose.*

L'homme-légende que nul n'avait expliqué, le Juif de cent cinquante ans qui semblait ne pas devoir mourir celui dont chacun eût voulu connaître les secrets, dont la ville, la province, l'Algérie entière s'occupaient, le père Mathus avait besoin de moi!

J'allais peut-être savoir le mot de cette énigme vivante.

Et pourtant j'étais vaguement effrayé; un mystère est à l'imagination ce que l'abîme est à l'œil; je craignais de plonger mon regard dans le passé de ce vieillard, comme on redoute le vertige, quand on sonde un précipice.

Mathus me fixait; il lut l'irrésolution sur mon visage: je voulais des explications.

Les villes algériennes sont pleines d'embûches; on y tombe souvent sous le yatagan d'un Arabe ou le stylet d'un Espagnol.

J'avais à me reprocher quelques-uns de **ces** méfaits
qu'on commet à vingt ans, et qui vous attirent la haine
des maris.

Mais au lieu de me parler plus longuement, le Juif se
mit à marcher devant moi sans proférer une parole de
plus.

Je le suivis malgré mes répugnances. Il connaissait le
cœur humain, ce vieil homme ! Il savait bien que la curiosité me pousserait sur ses talons.

Nous pénétrâmes dans le ghetto d'Oran.

Ruelles sombres ; maisons puantes ; quartier fétide...
Nous avancions silencieux.

Il s'arrêta devant une masure qui tombait en ruines,
en ouvrit la porte disloquée et me fit pénétrer dans une
allée obscure et fétide au bout de laquelle se trouvait une
seconde porte ; il y frappa trois coups saccadés du bout
de son bâton.

Je supposais que quelque vieille juiveresse édentée
allait paraitre, mais j'entendis des voix fraîches pousser
de joyeuses exclamations ; la porte roula sur ses gonds
et je me trouvai devant deux jeunes filles d'une beauté
idéale, deux vierges de Judée comme Delaroche en
peignait.

Leurs suaves profils se dessinaient en pleine lumière
au seuil d'une cour spacieuse, entourée de colonnes mauresques, dallée de marbre, toute resplendissante des
blanches clartés de la lune.

La masure masquait un palais.

Les jeunes filles débarrassèrent l'aïeul de son bâton,
le prirent chacune par un bras après avoir reçu son pa-
ternel baiser et voulurent le conduire ; il dit un mot :
elles se retournèrent, jusqu'alors elles ne m'avaient pas
remarqué.

A peine m'eurent-elles aperçu que l'une d'elles quitta Mathus et vint à moi.

— Pardonne-moi, me dit-elle en français, mais me tutoyant à la mode orientale, je ne t'avais pas vu.

Puis, selon l'antique coutume, elle me prit par la main et me servit de guide.

Nous arrivâmes ainsi dans une grande chambre, sorte de laboratoire d'alchimiste, toute garnie de squelettes, d'alambics, de cornues et de livres; c'était le cabinet d'études du vieux patriarche.

Les deux jeunes filles assirent l'aïeul dans un grand fauteuil ; elles m'invitèrent à prendre place en face de lui ; l'une d'elles apporta des chibouques, tandis que l'autre allait chercher sur un plateau deux tasses de café maure qu'elle nous servit. Tout cela sans qu'un mot fût prononcé ; mais sauf les lèvres, tout parlait en elles ; la salle me semblait pleine de bruit ; les sandales frappant le sol, les robes soyeuses frôlant les meubles, les grands yeux noirs étincelant sous les cils, les mains que l'émotion agitait légèrement, disaient des phrases enchanteresses.

J'étais ravi de ce début ; malheureusement le vieillard prononça quelques mots hébreux, et toutes deux elles se retirèrent après m'avoir salué à la française.

Il me sembla que l'une s'en allait à regret.

A vingt ans, j'étais comme tous les jeunes gens ; j'avais de ces fatuités-là.

Une lampe brillait dans la chambre; mais quand les deux jeunes filles eurent disparu, il me sembla que la nuit se faisait. Le poëte arabe l'a bien dit : « La beauté de la femme illumine le cœur de l'homme comme le soleil fait resplendir l'univers. »

Je n'avais plus devant moi que le vieux Mathus fu-

mant gravement. Il songeait. J'attendis, observant tout
avec curiosité dans cette chambre.

Je fus frappé surtout d'apercevoir des charpentes de
mastodontes et de plésiosiaures; ces ossements démesurés, appartenant aux races disparues, étaient agencés et
complétés avec beaucoup d'art et de science.

— Eh! me dit enfin Mathus au bout d'un instant, tu
ne me demandes plus ce que je veux de toi.

— Je suppose que tu vas me le dire? lui répondis-je.

— Tu supposes bien, fit-il.

Et il se remit à fumer.

Un grand quart d'heure se passa sans qu'il ouvrît la
bouche.

Pour moi, connaissant les préjugés des Orientaux
contre les Français, qui passent chez eux pour des gens
toujours ridiculement pressés, curieux et bavards, je résolus de me montrer patient et impossible.

Je humai la fumée du chibouque.

Le vieux juif me devina.

— Tu as raison, dit-il en souriant; pour un jeune
homme, tu as du tact; tu n'es pas étourdi, je peux avoir
confiance en toi.

J'ai besoin d'un dessinateur pour me tracer des plan-
ches, car je fais un grand travail que je veux orner de
gravures anatomiques. Je t'ai vu manier le crayon, et tu
en sais assez pour esquisser mes animaux antédiluviens.
Je te demanderai le secret sur mes découvertes, et je te
payerai bien.

J'ai rendu, dernièrement encore, de grands services
au directeur de la province; je t'obtiendrai une exemp-
tion temporaire de service, et tu seras nourri à notre
table tant que dureront tes travaux. Cela te convient-
il?

Une vive curiosité, d'une part, les beaux yeux de la jeune fille par laquelle je croyais avoir été remarqué, le pressentiment de je ne sais quelles mystérieuses aventures qui m'attendaient, me firent accepter; mais je posai une condition.

— Je ne veux être, dis-je au vieillard, sur le pied d'infériorité avec personne dans ta maison.

— C'est entendu, dit-il en souriant.

Puis, à part lui :

— Ces damnés Français sont tous ainsi : fiers et humbles à la fois !

— Qu'entends tu par là? demandai je.

— Fiers devant les hommes à ne pas vouloir se courber devant ceux qui les dominent de cent coudées par le génie; humbles devant les femmes à ramper devant elles. Ainsi, je suis cent fois plus intelligent et plus savant que toi; tu ne voudrais pas te plier sous ma supériorité, ce qui serait juste pourtant. Et si l'une de mes filles (elles sont inférieures à toi sous le rapport intellectuel) y consentait, elle te ferait embrasser le bout de ses babouches.

Je ne répondis rien ; le reproche était juste.

Puis il ajouta :

— Tu entreras en fonction demain ; mais dès ce soir je veux te consulter sur une étrangeté que tu m'expliqueras peut-être, tout jeune que tu es. Prends cette grande boîte percée de trous que tu vois là, et soulèves-en le couvercle avec précaution, car elle contient une vipère noire, de celles que vous appelez cornues et qui donnent la mort en une minute.

Je pris la boîte, mais j'hésitais à l'ouvrir; on a l'instinct de certains dangers, et j'entendais une voix secrète me crier que cette vipère jouerait un rôle fatal dans ma vie.

La vipère noire est le plus redoutable de tous les reptiles ; il donne la mort instantanément.

Fort heureusement, on en trouve très peu dans le Tell (versant de l'Atlas qui regarde la mer) ; elle abonde dans le Sahara et dans les Angades (petits déserts).

Elle est zébrée de raies noires ; sa tête petite, dessinant un V très-caractérisé, est effrayante de férocité ; les yeux — deux points presque imperceptibles — sont implacables et brillants comme des éclats de jais noir que le soleil frappe.

La particularité qui distingue cette espèce est une sorte de corne, placée sur le crâne aplati, et qui ajoute je ne sais quoi d'étrange à la hideur de cette venimeuse petite bête.

Elle foisonne en certaines régions à ce point que nos colonnes furent plus d'une fois arrêtées dans leur marche : chaque touffe d'alpha contenait une famille de reptiles ; les hommes étaient piqués à chaque instant et tombaient foudroyés. Il fallait alors incendier le terrain.

On passait, et, au milieu des cendres, on apercevait des milliers de petits squelettes enroulés dont les os craquaient sous le pied.

Je sais plus de trente bivouacs en Afrique que l'on appelle : « camp des vipères » pour ce motif.

On pouvait certes concevoir une légitime appréhension d'ouvrir une boîte renfermant l'un de ces reptiles.

— Va donc ! me dit le vieux Mathus ; crains-tu qu'elle ne se *love* et ne te saute à la figure, (*lover*, s'élancer)? Elle est fixée au fond de la boîte.

Je n'en soulevai pas moins le couvercle avec précaution ; le vieux juif haussait les épaules.

— Laisse cela, me dit-il, et quittons-nous si tu te méfies de moi. Mais sache bien que si je voulais me débar-

rasser de toi, je possède une certaine poudre dont un
grain dans ton café eût suffi pour te donner une maladie
du cervelet dont tu serais mort en un mois, sans qu'on
eût soupçonné un empoisonnement.

Je sentis qu'il disait vrai et je bannis toute crainte;
j'ôtai brusquement le couvercle, et j'aperçus une vipère
retenue sur la planche du fond de la boîte par un système de fils de laiton passés et repassés autour du corps
du reptile.

Il était immobile.

Mais il roulait avec fureur deux prunelles flamboyan-
tes et le feu qui en jaillissait leur donnait une profon-
deur incroyable; je ne saurais mieux comparer cette
puissance de réfraction qu'à celle d'un diamant noir
placé dans l'orbite de l'œil et que la vie animerait.

Pendant que je tenais mes regards fixés sur ceux du
serpent et que je prenais plaisir à me laisser pénétrer
par leurs rayonnements magnétiques, calculant, par
leur effet sur moi-même, l'action qu'ils pouvaient exer-
cer sur les petits oiseaux, je sentis deux griffes se poser
sur mes épaules et une tête velue toucher ma joue...

Je laissai tomber le coffret et me retournai brusquement.

Mathus se mit à rire.

Ma frayeur était causée par le grand chien noir qui
avait voulu contempler, par-dessus mon épaule, ce que
contenait la boîte.

Je ramassai celle-ci.

La vipère s'était enfuie.

Mathus s'en aperçut.

— Monte sur ton fauteuil! me dit-il tranquillement.

— Mais toi?

— Ne crains rien pour moi.

Le serpent avait disparu.

Mathus se mit à siffler un air plein de notes stridentes, mêlé de sons rauques formant une sauvage mélodie ; il s'accompagnait en frappant sur sa table avec son bâton de façon à imiter les nègres jouant du *derbouka*.

Musique singulière qui agaçait les nerfs tout en donnant à l'âme des sensations d'un charme étrange.

La vipère sortit presque aussitôt de dessous un meuble, montra sa tête, son corps et se mit à ramper vers le vieillard ; elle s'arrêta devant lui, s'agita convulsivement, se dressa sur sa queue et se balança en cadence.

Le Juif précipita la mesure de son chant guttural ; le reptile se dandina frénétiquement ; il s'affaissait parfois comme pâmé, puis se relevait d'un bond et se tordait de plus belle.

Entre deux sifflements Mathus me dit rapidement :

— Prends-la et mets-la dans la boîte ; tu l'y fixeras avec le laiton.

Je le regardai effaré.

— Prends donc ! répéta-t-il impérativement.

Mais pour une fortune je n'y aurais pas touché.

Alors Mathus saisit son bâton et frappa le parquet sans cesser de siffler ; une de ses filles parut.

C'était celle qui m'avait regardé d'une certaine façon.

Il lui montra le reptile qui dansait toujours.

Elle se baissa pour le ramasser ; mais, surmontant mes craintes, je la devançai et je saisis la vipère à plein corps ; sa tête dépassant ma main, elle continua à se pencher de droite à gauche, se tordillant sous l'étreinte de mes doigts ; ses yeux demi-clos ressemblaient à ceux d'un mélomane en extase.

Je devais être très-pâle ; le contact glacé de la vipère me causait une violente répulsion ; je m'empressai de la déposer, cette odieuse petite bête, dans la boîte et je l'enlaçai avec les fils de laiton.

— C'est fait, dis-je.

Mathus, au lieu de se taire brusquement, baissa peu à peu de ton et son air parut se perdre au loin par dégradations successives.

Il me sembla que les dernières notes affaiblies m'arrivaient d'une lieue ; à cette distance illusoire, elles étaient d'une douceur infinie.

En écoutant, je regardais la jeune fille qui s'était adossée, comme la première fois, au fauteuil du vieillard.

— Noémie, lui dit celui-ci, quand il eut fini, ce Français vient d'accomplir pour toi un trait de courage ; quoiqu'il n'ait couru aucun danger, tu lui dois une récompense, car il eût préféré essuyer un coup de feu que toucher à la vipère ; donne-lui ta main à baiser et laisse-nous.

Il y avait, dans la voix du Juif, je ne sais quel amer ricanement que je remarquai et qu'elle dut saisir, puisqu'elle blêmit légèrement ; mais ce fut une sensation fugitive, car presque aussitôt, rougissante, elle me tendit ses doigts effilés avec une gaucherie adorable.

Je n'osai, devant l'aïeul dont les rides du coin de l'œil étaient railleusement plissées, les serrer trop ardemment contre mes lèvres ; il me parut que cette main saisie répondait légèrement à la pression de la mienne.

La jeune fille se retira lentement. Elle se retourna avant de laisser tomber la porte sur elle ; cette fois sûrement elle me sourit.

Le regard de Mathus flamba, son vieux chien s'agita en grondant, mais ce fut l'affaire d'un instant.

Le maître redevint ironique ; le levrier se calma.

J'étais profondément troublé ; Mathus dut s'en apercevoir, quoique, par une brusque question, j'eusse cherché à dérouter sa perspicacité diabolique.

— Par quel magique pouvoir rendez-vous ainsi les serpents inoffensifs? demandai-je.

— C'est un secret que tu sauras un jour avec bien d'autres, si je suis content de toi, me dit-il. Mais causons.

J'ai trouvé et pris cette vipère auprès du fort Santa-Crux, il y a quelques jours. Je collectionne, comme toi, des reptiles, mais non pas dans le même but. J'ai besoin de sujets pour mes expériences; je cherche le moyen de prolonger la vie des animaux.

— On prétend que vous l'avez trouvé, fis-je.

— En partie, répondit-il négligemment; je suis parvenu à un résultat que vos médecins ignares croiraient merveilleux. Je me fais fort d'atteindre un âge qui se rapprochera de celui des anciens patriarches, mais je me garderai bien de divulguer mes découvertes.

— Pourquoi?

— Ne pouvant conserver la jeunesse, à quoi bon conserver la vie? Que deviendrait le monde s'il était encombré de vieillards comme moi?... Il faudrait s'en débarrasser par la mort violente; le parricide serait érigé en loi d'utilité sociale, comme en certaines îles de l'Océanie. Mais si je réussis à terminer mon œuvre, je léguerai mon secret à un disciple. Et vos chirurgiens, qui sont des aigles comparés à vos médecins, viennent de m'ouvrir une voie nouvelle.

— Comment?

— Par la découverte de la résection des os.

Les os, vois-tu, s'écria le Juif en s'animant, voilà ce qui nous a toujours entravés; je dis nous, car, de père en fils, nous cultivons ces sciences occultes, dédaignées

de vous, et qui pourtant ont été le berceau des sciences
modernes.

L'alchimie est devenue la chimie et la physique; aux
sorciers du moyen-âge, vous devez la chiromancie dont
un des vôtres a démontré la vérité; à eux aussi, vous devez la phrénologie; l'art de deviner la présence de l'eau
sous le sol; le magnétisme, l'électricité. A moi, héritier
de travaux de quinze générations, l'homme devra peut-
être un éternel printemps. Tu me regardes, incrédule.
Sache-le pourtant : un seul point m'arrêta lontemps. Je
pouvais renouveler les tissus, les muscles, la chair; je
n'avais échoué que devant les os qui deviennent durs,
cassants, à mesure que l'homme vieillit.

Moi et mes ancêtres avons vainement tout essayé pour
vaincre cette difficulté; mais je touche au succès. En
coupant une section d'un os et en laissant subsister le
périoste, on parvient à reconstituer l'os tout entier; cent
opérations heureuses l'ont déjà prouvé.

Or sais-tu ce qui arrive?

Ici Mathus s'exalta; il se leva resplendissant, illuminé; il me sembla que son front rayonnait; phénomène
magnétique et fréquent chez les hommes inspirés et que
les peintres anciens ont rendu plus sensible en ceignant
les têtes des grands hommes d'une auréole, sorte de
nimbe lumineux.

— Il arrive, reprit Mathus, que la partie régénérée de
l'os d'un vieillard est jeune et moëlleuse. comme si le
sujet avait vingt ans; il arrive que le problème est à peu
près résolu; il est possible par des résections successives
de renouveler entièrement la charpente humaine. Il me
faudra bien longtemps encore pour résoudre toutes
les difficultés, mais j'y arriverai. L'avenir m'apparaît
radieux.

Puis soudain, me saisissant le bras et me secouant avec frénésie.

— Quoi! gronda-t-il, ta face reste morne; tu ne tressailles pas d'espoir; tu ne crois pas!...

Le vieux Mathus se trompait :

Une lumière s'était faite dans mon esprit; j'entrevoyais une possibilité qui m'effrayait: devant cette large perspective d'horizons immenses ouverte devant moi, mon esprit reculait épouvanté.

L'esprit humain; aveuglé par les préjugés, se raidit contre les démonstrations les plus logiques, si la lumière le frappe brusquement; mais s'il y est préparé peu à peu, il se familiarise même avec les impossibilités et se laisse éblouir par les lueurs trompeuses des paradoxes.

J'arrivai, par une série d'étonnemente en face de réalités inexplicables, à ne plus regimber devant les suppositions les plus étranges; la théorie fantastique du vieux Mathus, tout en m'effrayant, preuve j'y que ajoutais foi, me fascinait; je crus à la solution du problème impie cherché si longtemps par l'homme voulant échapper à la mort, ce joug pesant dont Dieu nous écrase.

Parfois même, il m'arrive encore — mais je fuis ces pensers dangereux — il m'arrive de me demander si la science humaine n'en arrivera pas, de découvertes, en découvertes à trouver le secret de la vie sinon éternelle, du moins reculée jusqu'à des limites indéfinies.

C'est folie, je le sais, et pourtant...

Naguère encore, on riait de tant d'hypothèses, traitées d'utopies, qui sont devenues des vérités palpables et tangibles.

Mais passons; il est trop dangereux de se complaire au bord de ces gouffres.

J'ai voulu seulement peindre l'état mental où je me trouvai quand ce bizarre savant développait devant moi son audacieux système ; me faisant entrevoir, comme but à ses efforts, l'immortalité, ce rêve de l'homme en lutte contre Dieu.

Mais une autre pensée s'empara de mon esprit ; une question que je n'osai faire voltigea sur mes lèvres.

Il la devina.

Ce Juif avait le don de la lire dans la conscience des hommes, commes, comme dans un livre ouvert.

— Tu te demandes si je peux fabriquer de l'or, me dit-il brusquement.

— C'était vrai.

— Comment le savez-vous? dis-je.

— Parce que de l'*élixir de longue vie* à la *pierre philosophale* il y a trop près, pour penser à l'une sans songer à l'autre. Un homme aussi familiarisé que moi avec l'observation des évolutions de l'entendement, se trompe rarement. Je vais te répondre : « Oui, je sais faire de l'or! »

J'eus un soubresaut de surprise.

— Tout d'abord, me dit-il, l'homme a cru aux quatre éléments, puis il a reconnu que ce qu'il prenait pour des corps simples étaient des corps composés. Aujourd'hui on compte un nombre assez grand d'éléments, entre autres, l'or, l'argent, le fer, etc. Mais existe-t-il des différences bien profondes, bien tranchées entre les divers métaux? non. Plus d'un de vos savants commence à soupçonner que tous ont la même base et ne se distinguent que par le procédé de formation des molécules. Or depuis deux cents ans, on avait découvert dans notre famille le secret de la nature; mon trisaïeul a fabriqué le premier lingot qui soit sorti des cornues d'un chimiste.

5.

Mais il faudrait une fortune immense pour créer trente
livres de ce métal; à ce métier, on se ruinerait au lieu
de s'enrichir; de même deux de vos physiciens ont pu,
— tu dois en avoir entendu parler — faire du diamant;
mais ils ont dépensé mille pour un. Aussi avons-nous
considéré nos découvertes comme pures curiosités scien-
tifiques, non productives. Mais j'ai un sûr moyen d'ac-
quérir un trésor auprès duquel celui des Rothschild ne
sera rien.

— Vraiment! fis-je, incrédule cette fois.

— Oui, vraiment, dit-il irrité. Ne comprends-tu pas,
petit esprit, cerveau de belette, linotte française, ne comprends-tu ce grand mot : qui a temps à argent? Sûr de
vivre vieux, presque sûr de rajeunir, j'ai placé dans divers états la fortune de la famille. En cent ans, un mil-
lion en rapporte trois cents entre les mains d'un habile
homme. Avec cela et la jeunesse, j'aurai un levier capable de soulever le monde. La vraie 'pierre philosophale, le vrai creuset à fabriquer l'or, c'est l'intérêt cu-
mulé et une vie longue.

— Pourquoi colporter si vous êtes riche? demandai-je.

Il sourit.

— Sache, dit-il, que l'*homme aux trésors* (expression
arabe) est un objet d'envie; il faut qu'en me voyant travailler, on doute de ma fortune. On me soupçonne vaguement d'avoir beaucoup de piles de douros, mais on
n'en est pas certain. Par là ma sécurité est assurée.

— En effet, on répand sur vous mille fables, dis-je;
le public vous croit sorcier, jeteur de sorts, *chercheur de
trésors.....*

— Ah! pour cela, fit-il, il a raison; je cherche et
chercherai longtemps les trésors enfouis pendant les

révolutions aux environs de cette ville; je suis sur la trace de plusieurs, d'un surtout qui paraîtrait fabuleux si je le chiffrais et qui me permettrait de quitter l'Algérie, de réaliser mes fonds et d'aller m'établir au lieu que j'ai choisi pour mes espérances de rénovation. J'aurais atteint enfin le chiffre que je me suis fixé; sur ce trésor mes ancêtres m'ont laissé des renseignements un peu vagues, mais suffisants pour un homme patient et perspicace. Il n'échappera pas à mes investigations.

Cette révélation, faite par un homme prudent, me donna la crainte d'être mystifié par une fausse confidence.

Un nuage dut passer sur mes yeux, car il me dit:

— Oui, oui, tu as raison, je te comprends; mais si je parle, c'est que je ne crains rien de toi, car tu ne partiras pas d'ici sans que j'aie la certitude absolue de ton silence.

— En tous cas, une menace te servirait mal, dis-je résolument.

— Je le sais, fit-il; mais sonde bien ton cœur et dis-moi si tu es disposé à me trahir.

Voulait-il faire allusion à un certain espoir qui m'avait saisi au sujet de sa fille Noëmie? Était-ce de mes intérêts désormais mêlés aux siens qu'il voulait parler? Je ne pus le deviner.

Toutefois il avait raison; je ne songeais guère à divulguer ses secrets.

Je me voyais disciple de ce merveilleux philosophe, je me voyais son gendre, je me voyais riche, heureux et puissant; je crus au trésor, à l'amour de Noëmie, je crus à l'éternité sur la terre transformée en paradis.....

Mathus ne me laissa pas réfléchir longuement.

— Revenons à la vipère, me dit-il. Je veux te consul-

ter à son sujet; obligé de connaître toutes les sciences,
je me contente d'en étudier les grandes lignes d'ensemble; les détails m'échappent forcément. Ainsi j'ignore à
quelle variété appartient cette *vipère cornue*; elle porte
au cou un bourrelet de chair que personne n'a signalé
jusqu'ici (que je sache du moins .

La vipère avait en effet un renflement très-prononcé
des chairs autour du cou.

— Avant d'expérimenter sur ce serpent, reprit Mathus,
je voudrais être fixé sur un point, à savoir : si ce collier
est un phénomène isolé ou le trait caractéristique d'une
race.

— Ce doit être un accident, dis-je. Aucun traité d'histoire ne le signale. Mais que veux-tu faire de ce reptile?

— Les serpents venimeux sont de tous les animaux
ceux qui ont la vie la plus dure : ils subissent la douleur
et les mutilations facilement; ce sont d'excellents sujets
pour mes études; c'est pourquoi je me suis empressé de
m'emparer de celui-ci.

Je regrette qu'il fasse exception parmi les individus
de son espèce. Comment ce bourrelet de chair lui est-il
venu? Cherchons.

J'avais déjà saisi un crayon, et de la pointe je tatai le
collier : il me parut formé de deux replis de la peau,
recourbés sur un anneau très-dur.

Je fis part de ma découverte à Mathus; il tressaillit.

— Écarte les replis, me dit-il. Nous allons peut-être
trouver quelque remarquable particularité anatomique.

J'obéis.

Nous étions curieusement penchés sur la boîte, Mathus; le grand chien noir et moi; la vipère nous regardait de ses petits yeux brillants et cherchait en vain à

se tortiller sous les lacets de laiton dont elle était enserrée.

Muni de deux morceaux de bois effilés, je séparai les deux bourrelets et une raie jaune, brillante comme l'or, apparut très-distincte; mais la peau de la vipère glissa sous une de mes baguettes et le filet coloré fut recouvert.

— Maladroit! dit brusquement Mathus d'une voix altérée.

Je relevai la tête et je vis son visage bouleversé par l'anxiété, de grosses gouttes de sueur l'inondaient.

— Vite, vite, dit-il, recommence. Ne vois-tu donc pas que je suis ému! Et l'émotion use et tue!

Je m'empressai de renouveler mon expérience; cette fois j'eus la main sûre, la raie jaune fut de nouveau éclairée, elle jetait, aux lueurs de la lampe, les fauves reflets de l'or bruni.

Mathus haletait.

— Tiens... tiens bien... murmurait-il, et sa voix tremblait.

Il essaya d'allonger la main pour toucher du doigt le bourrelet, mais un frémissement convulsif l'en empêcha.

— Mon Dieu! fit-il, si c'était...

Il était pâle, abattu, tout chancelant du torse sur son siége, tout frémissant des jambes qui s'entre-choquaient aux genoux.

Enfin, il dompta sa faiblesse par un effort énergique, il se roidit contre les frissons qui le secouaient; il se leva les dents serrées, les muscles tendus.

Que lui faisait donc à cet homme cette bande dorée qui ornait le cou d'une vipère?

Je ne me l'expliquais pas, mais sa face crispée, ses

prunelles dilatées, son air d'égarement prouvaient
qu'une tempête intérieure bouleversait tout son être.

— Mon Dieu !... si c'était... répétait-il tout bas.

Mais la voix sortait par syllabes étranglées du fond
de son gosier, pareilles aux éclats d'une cloche fêlée ;
voix sépulcrale qui vibrait étrangement et causait un
malaise indéfinissable.

— Vingt ans d'épreuves ! murmura-t-il.... vingt ans
d'épreuves à retrancher à mon martyre.

Enfin son ongle, ou plutôt sa griffe velue toucha la
bande d'or ; il y eut comme un choc de la corne au métal ; je perçus distinctement ce bruit léger ; quand l'attention est surexcitée, les facultés acquièrent une puissance surprenante.

— On dirait d'une bague passée autour du cou de la
vipère ! m'écriai-je en regardant Mathus qui ne parlait
plus.

Il resta immobile un instant ; il me sembla qu'il allait
mourir debout, tant son visage était décomposé par l'é-
preuve qu'il avait tentée ; il avait l'aspect d'un de ces
cadavres que le contact d'un fil électrique galvanise,
fait surgir et maintient droits, glacés, livides...

Les yeux démesurément agrandis, se retirèrent peu à
peu de leurs orbites, si loin, si loin, que j'en fus épouvanté ; ils me faisaient l'effet de lueurs entrevues au
fonds d'un puits.

Il voulut parler.

Impossible.

Une écume blanchâtre vint souiller ses lèvres et
moussa sur sa barbe argentée : il tomba foudroyé.

Dans sa chute il renversa la lampe qui s'éteignit, et
l'obscurité se fit profonde ; au milieu des ténèbres, les
mastodontes géants, les reptiles gigantesques, les oi-

s aux démesurés, tous ces squelettes du monde antédi-
luvien, dont l'immense salle était pleine, dessinèrent
leurs ossements fantastiques dans l'ombre.

A mes pieds gisait le corps du centenaire; dans mes
mains, je tenais la boîte, du fond de laquelle les yeux
étincelants de la vipère-cornue étaient dardés sur moi
avec une intensité inouïe.

Un hurlement lamentable retentit dont je fus troublé
jusqu'au fond des entrailles.

C'était le grand chien noir qui pleurait son maître.....

Cette scène dura quelques instants à peine; car, aux
aboiements du chien, Noémie et sa sœur accoururent
avec des flambeaux; je leur aidai à relever Mathus.

Il n'était pas mort.

J'étais très-effrayé, très-inquiet, Noémie s'en aperçut.

— Ce n'est rien, me dit-elle, rassurez-vous, notre
grand-père n'est pas en danger, il a souvent de ces accès; il va revenir à lui.

Et déjà sa sœur avait versé sur les lèvres du vieillard
quelques gouttes d'une liqueur contenue dans un flacon
qui me parut être creusé dans une cornaline.

Ce devait être un puissant cordial, car Mathus sortit
brusquement de sa syncope; en quelques secondes, il
reprit pleine et entière possession de ses facultés; je ne
vis jamais plus rapide changement; on eût dit que rien
d'extraordinaire ne s'était passé.

Son réveil, du reste, dut lui être doux : ses deux enfants étaient à ses genoux, leurs jolis yeux tendrement
levés vers lui épiaient son premier regard, et leurs
têtes juvéniles formaient un contraste touchant avec sa
figure patriarcale.

Il baisa ses deux filles au front, leur sourit et les ren-

voya; cette fois, bien décidément, Noémie me regarda
d'une façon expressive.

Mathus soupira si profondément que je tressaillis.

— Tu souffres encore? demandai-je.

— Physiquement, non, me répondit-il; moralement,
oui. Je ne puis m'habituer à l'idee qu'il me faudra te
donner l'un de mes anges.

Je fus stupéfait de cet aveu inattendu.

— Ah! fit-il avec un rire amer, ma franchise te surprend. Que veux-tu? je réfléchis trop longtemps avant
d'agir pour ne pas agir vite. Noémie t'aime, tu en es
déjà fou : tu l'épouseras. Au fond, c'est un heureux
événement, car il va me donner un disciple fidèle. Mais
il m'est pourtant cruel d'être obligé de partager la tendresse de ma préférée avec un autre.

Puis avec douceur :

— Du reste, je m'y habituerai. Je sens que l'amour
dont tu es possédé est profond, durable, exclusif; Noémie te dominera et tu me seras forcément dévoué.

J'étais abruti de cette révélation, de ces plans d'avenir, de cette succession d'événements bizarres.

Lui, tranquille, reprit :

— Je dois t'expliquer comment la passion de Noémie
lui est venue. Les femmes rencontrent l'amour comme
on rencontre un précipice, et elles s'y jettent à corps
perdu, sans réflexion, sans autre souci que de rouler au
plus bas de la pente. Tant mieux si au fond du gouffre
est un paradis; tant pis si c'est un enfer.

Il reprit :

— Te souvient-il d'une rixe où tu fus presque assommé, un certain soir, dans la rue des Juifs?

— Oui, dis-je.

— Tu te rappelles comment la querelle est venue?

— Sans doute. Des Espagnols à demi ivres insultaient
une femme voilée; je les apostrophai, ils m'injurièrent,
je ripostai; leurs couteaux brillèrent à leurs mains, moi
je tirai ma baïonnette : nous nous battîmes; j'étais très-
fatigué et sur le point de succomber, quand survinrent
des chasseurs d'Afrique, qui tombèrent sur les Espagnols, que soutinrent des Maures, qui furent assaillis
par des Juifs, contre lesquels prirent parti des Arabes,
que les Couloughis rossèrent; une bagarre effroyable,
enfin, où un grand coquin de nègre qui tapait comme
un enragé sur tout le monde indistinctement, me donna
un coup de bâton sur la tête. Je restai abasourdi sur le
pavé. L'affaire fit grand bruit; il y eut une enquête : je
fus tour à tour puni de prison, gracié, repuni, regracié;
enfin, je sortis de cette malencontreuse querelle blanc
comme neige au moral, mais violet au physique, car
après ma chute, le nègre m'avait roué de coups.

— Le pauvre diable l'a payé cher, Noémi lui jeta à la
tête un vase de fleurs qui lui fêla quelque peu le crâne
et lui cassa un bras, fit Mathus.

— C'était donc elle que ces Espagnols poursuivaient?

— Eh! oui. L'enfant, grâce à toi, se réfugia chez un
des nôtres, elle assista à toute cette scène du haut d'une
terrasse.

— C'est elle alors qui m'a crié de fuir?

— Oui. Pourquoi ne l'as-tu pas fait? Ils étaient
trois.

— J'en avais bonne envie une fois la jeune fille en
sûreté, et certes, vêtu en colon, j'aurais joué des jambes; mais, avec mon uniforme de zouave sur le dos, je
ne pouvais battre en retraite sans commettre une insigne lâcheté.

— Tu avoues que tu as eu peur, fit Mathus peu sur-

pris; pour un Français c'est d'une rare franchise. Ceux
de notre nation redoutent tant de passer pour poltrons,
qu'ils nient toujours leur défaillance en face du danger.

— Moi, je confesse que le péril m'effraye d'abord, et
que j'ai besoin d'une grande force de volonté pour do-
miner cette faiblesse première.

— Tu veux dire pour vaincre l'instinct de la conservation, si vivace, si légitime, et qui est une des grandes
lois providentielles Tu as violé cette loi pour obéir à un
préjugé ridicule et absurde.

« Tu avais protégé une femme, c'était bien; la femme
était hors de danger, tu n'avais plus qu'à te retirer, d'a-
bord parce qu'accepter une lutte inégale quand on peut
l'éviter, est le fait d'un sot. De plus, tu épargnais un
crime probable à ces trois hommes égarés par l'absin-
the; tu épargnais aussi à trois de tes semblables une
condamnation au bagne et d'amères douleurs à leurs
familles. Mais une vanité puérile t'a rivé au sol; tu t'es
battu, la frayeur au ventre d'abord, puis la colère au
front et la cruauté au cœur; tu as obéi à un point d'honneur stupide, tu as eu un courage de convention inepte.
J'ai si bien analysé cette niaiserie que l'on appelle la
bravoure, que j'en connais les mobiles les plus secrets;
elle est le plus souvent inspirée par une fierté de dindon
qui se pavane et se gonfle; puis elle s'exalte au bruit et
devient aveuglement et fureur. En somme, pour un
homme de sens comme toi, tu as fait preuve d'ininte!-
ligence, de légèreté, et tu as manqué de la vraie force
d'âme. Mais pour ma Noémie, une femme! tu as été
chevaleresque, — elle a dit le mot tiré d'un de vos ro-
mans qu'elle lit avec délices; — elle s'est éprise de toi.
Elle t'a su bien plus gré d'avoir tenu tête à trois hommes
(quand tu devais logiquement jouer des jambes), que de

l'avoir protégée; moi je ne t'estime au contraire qu'à
cause du bon mouvement que tu as eu.

« Mais il est tard; quittons-nous. Je n'ai pas besoin
de te recommander le silence; tu as trop d'intérêt maintenant à te taire pour me trahir. Quant à la vipère cornue, je ne veux pas t'expliquer pourquoi son collier
m'a tant ému. Je t'enjoins de ne jamais m'épier, sous
peine, — selon les secrets que tu aurais surpris, — de te
séparer à jamais de Noémie et de moi, ou de perdre la
raison pour dix ans, et, au besoin, de mourir.

« Songes-y. Au revoir; je t'attends demain matin. Un
moment encore : rappelle-toi que, sous peine de ne plus
la revoir, je te défends de dire un mot d'amour à Noémie avant que je t'y autorise. Quan l'heure sera venue,
je vous fiancerai.

Et Mathus frappa trois fois le parquet.

— Noémie, dit-il à sa fille, reconduis notre hôte.

Je pris, tout troublé, congé du vieillard.

Lo jeune fille me précédait.

Arrivés près de la porte de la cour, elle se retourna et
m'interrogea du regard, me faisant une de ces questions
que l'on comprend si bien.

Je me souvins de la recommandation de Mathus, et,
sans mot dire, je saisis la main de Noémie et la presai
ardemment contre mes lèvres; puis je m'enfuis.

Je n'avais pas parlé d'amour...

En quittant Mathus, ma tête et mon cœur étaient en
feu; j'étais saisi d'espoirs insensés : songes d'amour,
rêves de fortune.

Cependant, la brise caressant mon front me calma
peu à peu, je repris mon sangfroid et je voulus analyser
les événements de cette soirée.

Toute ma nuit était à moi.

Il était probable que je ne resterais pas longtemps soldat; il devenait donc inutile de m'aguerrir aux factions nocturnes; j'aurais pu me dispenser de monter au Santa-Crux.

Mais je songeai que je devais passer à la porte du Ravin, où des camarades étaient de garde et m'attendaient; car le matin j'avais annoncé mon intention et mon fusil était déposé au poste avec ma giberne; quoique l'épreuve soit sans grand danger, on donne au soldat qui la tente deux paquets de cartouches : ça lui inspire de la confiance en lui-même.

Si je ne sortais pas des murailles, je risquais fort d'être plaisanté par mes amis et je compromettais une réputation d'homme déterminé que je m'étais donné beaucoup de mal à mériter, vu ce maudit instinct de la conservation très-développé en moi et que je m'évertuais à déraciner, sans y réussir complétement.

De plus, le capitaine serait fort mécontent de voir que j'avais employé à flâner en ville la permission donnée pour se promener dans les nuages dont le Santa-Crux est couvert.

Je résolus d'agir comme si je n'avais pas rencontré Mathus.

Je me présentai au poste du Ravin, je pris mon arme, je serrai la main de mes camarades et je commençai mon ascension qui dura une heure environ.

Les chacals, les hyènes passèrent et repassèrent devant moi, clamant et hurlant; mais, pour la première fois, je n'eus pas peur de leurs yeux phosphorescents, de leurs formes bizarres agrandies par l'ombre, de leurs allures faméliques. J'étais surexcité et je me pris à mépriser les folles frayeurs que causent aux conscrits ces animaux, inoffensifs à l'égard de l'homme.

Les bruissements des insectes, les voix insaisissables des infiniments petits, l'esseulement de la solitude, ne me causèrent aucun effet : j'étais trop préoccupé.

Quand l'âme est envahie par un sentiment profond, il n'y a plus de place pour la peur.

Je pensais à Noémie et il me semblait la voir, aérienne, légère, voltiger autour de moi.

Puis ce grand problème de la vie éternelle me poursuivait, me fatiguait, m'obsédait ; je marchais sans mesurer le chemin parcouru ; j'arrivai devant le fort sans me douter que j'en étais tout près.

C'était une construction espagnole, solide, imposante, sévère ; tous les bastions construits par l'Espagne, ont un caractère indélébile, ils ressemblent à des cloîtres ; l'esprit monastique de cette nation a imprégné son génie militaire. Ces grandes ruines du Santa-Crux, couronnant cette cîme âpre et désolée, m'auraient vivement impressionné en toute autre circonstance. A travers les brèches, le vent de mer s'engouffrait avec fracas, secouant toutes les pierres de l'immense bâtiment, en fouillant les cryptes, le faisant gronder et gémir, tirant des plaintes lamentables du fond de ses souterrains ; des sifflements aigus de ses étroites meurtrières ; des roulements sourds et prolongés, des tonnerres lointains, de ses galeries sans fin.

Mais je pénétrai sans hésiter au milieu des décombres, je m'installai dans une tourelle, d'où j'avais vue sur la mer, et je regardai passer, au-dessous de moi, les nuées qui voilaient et découvraient tour à tour le miroir azuré des eaux.

Je méditais depuis une demi-heure environ ; je creusais cette idée fascinatrice dont le vieux Juif avait déroulé devant moi les merveilleuses conséquences.

Je crus que, le calme de la raison aidant, je parviendrais à rire, comme de songes creux, de l'*élixir de longue vie*, des résections successives, de l'immortalité terrestre devenue possible.

Mais non.

Plus je tournais et retournais la question sous ses faces diverses, plus je croyais à une solution.

Je me débattais en vain contre l'attraction irrésistible qui attirait mon esprit dans les champs de l'infini; j'étais entraîné fatalement irrésistiblement.

Bien imprudent qui s'engage en cette voie! Un heurt violent, un choc salutaire, peut seul le faire sortir et l'empêcher d'arriver au terme de ces courses folles où se sont engagés quelques esprits éminents dont la raison s'est égarés à travers ces investigations téméraires.

Tentatives inutiles, tant que le grand courant de l'esprit humain ne s'est pas porté de ce côté.

Une main frêle ne saurait soulever ces voiles épais que tant de générations n'ont pu déchirer; laissons le progrès accomplir lentement son œuvre, sans devancer les temps...

A cette heure, j'évite prudemment les sphynx qui dévorent; mais à cette époque, je m'arrêtais hardiment devant eux. Folle illusion de la jeunesse!

Je réfléchissais donc, contemplant et l'immensité des flots et l'infini des cieux, perdu en des pensées profondes, quand un bruit de pas retentit.

Je regardai...

Au-dessous de moi, au pied du rempart, se dessinait le profil de Mathus.

Il était seul.

Mais, aux clartés de la lune, je reconnus sous son bras la boîte au fond de laquelle gisait la vipère cornue.

Mathus s'arrêta ; il posa sa boîte à terre et se mit à inspecter minutieusement le terrain.

Instinctivement je m'étais caché derrière la tourelle ; mais je ne perdais pas un un des mouvements du vieillard ; lui ne m'avait ni vu, ni entendu ; il ne me soupçonnait pas là.

Il n'avait pas amené le grand chien noir.

Je m'en étonnai d'abord ; mais il est impossible d'empêcher un chien d'aboyer contre les chacals, et pour une œuvre discrète, le lévrier eût été un gênant compagnon.

Je me rappelai la défense de l'épier que Mathus m'avait faite ; mais la curiosité est une des plus fortes passions de l'homme ; plus forte que l'amour, plus forte que la haine, plus forte que l'ambition et l'avarice.

Pour la satisfaire, on sacrifie tout : passé, avenir, présent.

J'aurais dû marcher droit à Mathus, lui dire comment je me trouvais au Santa-Crux, me retirer s'il me l'ordonnait.

Non. Je restai accroupi au bord du rempart, compromettant toute ma vie pour pénétrer le secret du centenaire.

Ce qui m'intriguait le plus vivement c'était la boîte.

Maudite boîte !

Sans elle.....

Sans elle, j'aurais agi sagement et loyalement.

Sans elle, je m'en serais allé et tout ce qui m'advint ne serait pas arrivé ; et tout ce qui n'arriva pas me fût advenu.

Mais la vipère cornue avait frappé mon imagination ; sa bande dorée, qui avait tant ému Mathus, me semblait être la clef de quelque mystère ; cette infernale petite

bête, avec ses yeux de diamant noir, me semblait sur-
naturelle.

Je voulus savoir.....

Fatal désir!

Mathus, après s'être asuré du lieu qu'il me parut chercher à reconnaître, s'assit sur une pierre.

Il était en proie à une agitation extrême, autant que
j'en pus juger par le tremblement nerveux de ses mains,
qui ne pouvaient ouvrir le couvercle de la boîte.

Enfin elles y parvinrent.

— Que va-t-il faire? pensai-je; à quelle étrange pratique va-t-il se livrer, le vieux sorcier?

Mais jusqu'au dernier moment, je ne devinai rien, je
ne compris rien; je crus qu'il s'adonnait à l'une de ces
conjurations magiques familières aux alchimistes du
moyen-âge.

Il tira de la boîte la vipère cornue, la regarda un instant, puis la posa à terre.

Je fus très-étonné de voir qu'il avait attaché un fil au
cou du reptile, en sorte qu'il le tenait en laisse, comme
on tient un chien.

Le petit serpent restait immobile sur le sol.

Mathus me parut contrarié; mais il se frappa le front
en homme qui saisit une subite inspiration, il porta sa
main gauche à ses lèvres, et, dans ses deux doigts ou-
verts en fourche, il poussa un sifflement strident.

La vipère se prit à fuir aussitôt, tirant sur le fil; on
eût dit un de ces limiers de chasse qui s'élancent, impatients dans l'espace, cherchant à rompre la corde qui les
enchaîne au poignet du piqueur.

Mathus se laissa guider par la vipère, activant sa marche par des sifflements répétés.

Ils arrivèrent ainsi tous deux à la brèche que le temps

avait faite au rempart. La vipère chercha à se glisser à travers les pierres amoncelées.

Mathus l'arrêta.

Distinctement j'entendis sa vieille voix cassée et haletante, murmurer :

— C'est là !

Il attira à lui la vipère, la prit dans sa main et retourna à la boîte dans laquelle il l'enferma.

Puis il se dirigea vers un autre point du fort.

Je n'osai bouger ; je le suivis des yeux ; il disparut.

Voulant le suivre, je passai mon fusil en bandoulière, je me laissai pendre le long de la tourelle et je fis un saut prodigieux.

Quand la curiosité vous talonne, il n'y a plus d'obstacles.

Je tombai tout près de la brèche; j'avais presque envie de m'arrêter là et de fouiller ces pierres ; il avait dit : « c'est là! »

Mais je songeai que je pourrais toujours revenir et qu'il valait mieux suivre le vieillard.

Je longeai rapidement les remparts, couvert de leur ombre, prêt à me coucher sur le sol, si Mathus reparaissait.

Il revint sur ses pas en effet, et je m'étendis à plat ventre, au milieu des ronces et des jujubiers sauvages.

Il passa non loin de moi, retournant à la brèche et portant sur son épaule des instruments de travail : une pioche, une pelle, un levier; tous trois de forme particulière et probablement très-légers, car ce vieil homme ne pliait pas sous le faix.

Il s'arrêta devant la brèche et se mit à déblayer le terrain avec une ardeur fiévreuse.

Moi, cloué à ma place, suspendant ma respiration, je

6

regardais, j'écoutais, m'attendant à quelque bizarre dé-
nouement, à quelque catastrophe semblable à celles qui
terminent les fabuleuses légendes du moyen-âge.

Mathus travaillait avec une ardeur extrême; la fièvre
devait avoir galvanisé le vieillard.

Sous la main du centenaire, les pierres volaient et
roulaient le long des talus des fossés avec fracas.

Ce vieil homme, au milieu de ces vieilles ruines, avec
sa barbe blanche, ses grands bras décharnés, son crâne
nu, son aspect sybillin, ce juif mystérieux, fouillant
l'antique Santa-Crux (le Déma des Carthaginois), ce savant étrange en quête d'un étrange secret, avait pris des
proportions extra-humaines à mes yeux.

Je n'osai plus bouger.

Il continuait son œuvre de démolition avec acharnement, maniant la pioche, le pic et la pelle avec une force
juvénile, déblayant le terrain.

Une vague appréhension me rivait au sol, une curiosité violente me poussait à m'approcher.

Lutte intérieure de deux sentiments contraires.

La curiosité l'emporta, car sans en avoir conscience,
à un certain moment, je me trouvai à deux pas du vieillard; j'avais lentement, avec une adresse extrême, résultat de l'instinct plus que de l'intelligence, puisque je
ne songeai pas à ce que je faisais.

J'ai remarqué souvent depuis que, quand l'esprit est
distrait chez l'homme, l'instinct s'éveille.

Une forte broussaille m'arrêtait et me protegeait à la
fois; je m'installai derrière cet obstacle.

Mathus travailla longtemps, une heure environ.

Je m'aperçus que peu à peu il pratiquait une sorte
d'ouverture dans l'entrée d'une poterne, donnant accès
dans un souterrain.

Quand le passage qu'il pratiquait fut assez grand pour lui permettre de passer, il s'y introduisit jusqu'à mi-corps, s'assura qu'il pouvait entrer et se retirera ensuite.

Il se tourna de mon côté, s'essuya le front, but une gorgée de liquide contenu dans une petite fiole, et s'éloigna encore du théâtre de ses recherches. Il passa non loin de moi, sans me voir. Il était extraordinairement surexcité, sans doute par l'effet de l'élixir qu'il avait bu.

Je remarquai que son front rayonnait, que ses yeux lançaient des éclairs, et que ses mains, *craquantes et claquantes*, cliquetaient plus que de coutume.

il murmurait des mots rauques, en langue hébraïque autant que je pus en juger; il marchait rapidement. rasant le sol.

Il disparut à l'angle d'un bastion du fort.

Tout à coup, sans aucun raisonnement, sans motif appréciable, sans en avoir pris la résolution préalable, par un élan d'une spontanéité qui me surprit ensuite, je bondis vers la poterne.

Certainement mon intelligence ne calcula pas, ne discuta pas cet acte qui me fut inspiré par ces facultés intérieures de l'âme dont le rôle obscur n'a pas encore été bien défini.

Je fis alors ce que fait le soldat qui, persuadé qu'il commet une faute et sera fusillé, n'en soufflete pas moins — et comme malgré lui — un officier; la pensée réprouve cet acte; elle retient le bras; elle voudrait le paralyser; mais mu par des ressorts secrets – indépendants du vouloir — le bras se lève, la main retombe et un crime (au point de vue militaire) s'est accompli sans qu'il y ait eu participation, consentement.

Ce qui m'arriva peut se comparer au déplacemen

d'un morceau de fer qui va vers l'aimant malgré la loi d'attraction qui tend à le maintenir en place.

Je me faufilai à travers l'ouverture, et je me trouvai dans un long couloir qui se prolongeait sous terre; je ne le vis pas, il faisait une nuit épaisse dans ce souterrain; mais une pierre qui roula, et dont l'écho vibra au loin, me fit apprécier la distance par l'étendue du son.

Une fois entré dans cette galerie, je songeai que Mathus allait m'y surprendre en revenant.

En un clin d'œil, j'ôtai mes chaussures et je les pris à la main, pour ne pas faire de bruit, puis j'allumai une allumette.

Alors je vis se dérouler devant moi un de ces passages qui servent à conduire des troupes de l'intérieur à l'extérieur des forts pour les sorties; je mesurai de l'œil une trentaine de mètres jusqu'au premier coude.

J'éteignis mon allumette et je marchai aussi vite que possible, comptant mes pas en avançant, de façon à me défier des heurts à l'approche du tournant, auquel j'arrivai bientôt.

Je m'y embusquai.

J'attendis. .

A cette heure, toute autre pensée que celle qui se rapportait au secret de Mathus s'était évanouie; je ne songeai plus ni à Noémie, ni à ma promesse de ne pas épier le centenaire; je ne percevais plus ni le bien ni le mal, ni le juste ni l'injuste; je n'étais plus un homme ayant un libre arbitre; je n'étais plus moi, mais une machine que la curiosité faisait mouvoir.

Phénomène curieux, trop ignoré des froids philosophes, qui ont raisonné des passions sans les éprouver, et qui condamnent, comme coupables, des gens irrésistiblement poussés par une fatale attraction dont rien ne peut les dégager·

Je me tenais blotti, immobile, le cou tendu, les yeux dilatés perçant l'ombre, vers l'entrée du couloir.

J'entendis du dehors les pas de Mathus revenant.

Ce souterrain, comme la grotte de Denys, le tyran de Syracuse, formait pour l'acoustique une oreille géante.

Était-ce hasard, était-ce combinaison prévue par l'architecte du fort, je ne sais et ne m'en soucie; mais je ne me rappelle pas sans frissonner l'effet nerveux que produisirent sur moi les vibrations démesurément agrandies de ces pas ébranlant le sol.

L'ombre de Mathus interceptant la lumière à l'entrée de la galerie, m'annonça son approche.

Le vieux Mathus s'engagea dans le souterrain; il portait d'une main sa lanterne, de l'autre, la boîte où la vipère était renfermée.

Il posa sa lumière à terre, retira le reptile, s'assura au poignet le fil qui enchaînait son guide bizarre et excita celui-ci par un sifflement dont toute la galerie retentit.

Le serpent fila aussitôt rapidement: mais, au lieu de se diriger vers le fond du couloir, il fit un brusque détour et revint du côté de l'entrée, obliquant à droite et cherchant à s'engager dans les pierres mal cimentées d'une fausse-porte murée.

Plus tard, en examinant ces lieux attentivement, je reconnus que cette apparence de porte était une sorte de réduit voûté, dans le genre des refuges construits dans les tunnels pour abriter les hommes que surprend la locomotive; celui-là était fort large et formait une chambre d'environ quarante mètres carrés de large.

Nos officiers du génie prétendirent, dans la suite.

6.

qu'il servait à contenir le poste chargé de garder la poterne.

L'entrée de cette chambre ou plutôt de cette cave, était
bouchée, mais les maçons avaient dû se hâter dans leur
besogne, car le ciment mal pris s'était émietté, les moël-
lons n'adhéraient plus entre eux ; mais on reconnaissait
pourtant encore l'intention qu'avait eue l'architecte de
dissimuler le travail de l'ouvrier et de noyer cet ouvrage
dans les parois de la muraille.

Mathus avala quelques gouttes de son élixir, et il se
mit à l'œuvre avec une fébrile ardeur.

Moi, je suivais les progrès du vieillard avec anxiété ;
le dénoûment approchait, j'en avais le pressentiment.

Que cherchait-il derrière ce pan de maçonnerie ?

Un trésor, peut-être.

Peut-être aussi un secret.

Tant de drames sanglants, tant de crimes atroces
s'étaient accomplis en ce vieux fort, sinistre gardien
d'Oran !

Il avait vu passer à ses pieds les flots tumultueux de
cent peuples divers, couvrant la ville de cendres et de
débris ; il avait étouffé mille révoltes, et ses balistes,
aux temps antiques, ses canons, aux temps modernes,
avaient écrasé sous leurs projectiles la cité la plus guerrière de l'Afrique.

Ce qui me préoccupait surtout, c'était certaine légende très-accréditée parmi les Arabes et racontant que,
dans une cave du Saint-Crux, gisait une des filles d'un
des beys d'Oran, condamnée par son père, à la suite
d'aventures romanesques, à être enfermée dans cette
crypte murée.

Le bey qui avait succédé à ce père impitoyable avait
ordonné d'ouvrir la chambre souterraine de la princesse,

pour la faire ensevelir en terre sainte, dans le cimetière musulman, avec les honneurs dus à son rang.

Mais, prodige inexplicable! on avait trouvé la jeune fille rose, fraîche, souriante, et dormant d'un calme sommeil, alors qu'on s'attendait à la voir morte et décharnée.

Puis, incompréhensible caprice! le bey prévenu de ce qui arrivait, était venu contempler ce miracle insigne, l'avait constaté et avait ordonné de ne point toucher à la jeune fille, de refermer la crypte hermétiquement et, sous peine de mort, défense était faite d'y entrer.

Le bey, dit-on, voulait voir si la princesse vivrait encore longtemps ainsi, et il se proposait de faire rouvrir plus tard son *in-pace* (qu'on nous passe ce mot monastique que peint si bien toute tombe où l'on est enterré vif)

Je savais que chaque légende arabe a une base réelle; de ce conte quelque chose était vrai.

Malthus avait certainement connaissance de toute cette histoire; il avait été intendant de plusieurs beys; peut-être était-ce à son instigation que l'on avait remuré la porte du souterrain: ses longues recherches sur la prolongation de la vie humaine me le faisaient supposer.

Mais pourquoi cette vipère?

Pourquoi cette espèce de conjuration cabalistique?

Un savant comme Malthus ne pouvait croire aux pratiques surannées des sorciers du moyen âge.

Tout à coup un éboulement m'arracha à mes réflexions: un pan de mur s'écroulait.

Malthus laissa crouler la fausse porte dont il avait descellé la base.

Quelques pierres, menaçant chute, tenaient encore au

sommet, mais dans son impatience le juif risqua le passage et entra dans le caveau.

Ma première idée fut de l'y suivre, j'avançai de quelques pas hors de ma cachette.

Soudain je m'arrêtai.

A ce moment décisif, je repris pleine et entière possession de moi-même; je me souvins et de Noémie et de ma promesse à son aïeul, et des menaces de celui-ci.

Ce fut un éclair de raison dont mon cerveau fut illuminé : j'eus honte de mon rôle; je sentis que je devais fuir puisque j'avais pris l'engagement de ne jamais espionner le centenaire.

Il est des minutes où la conscience se réveille et parle plus haut que les passions dans un cœur d'homme; je pris la résolution de me retirer.

Heureux si j'avais pu l'accomplir !

Pour gagner la campagne, il me fallait passer devant l'ouverture de la chambre où Jacob se trouvait, je devais ramper lentement afin de ne pas attirer son attention : je redoutais instinctivement la lutte que j'aurais à soutenir contre moi-même, quand je me trouverais si près du vieillard, si près du lieu où gisait son secret.

Dehors, ayant l'espace pour moi, j'aurais triomphé de la tentation, je me serais lancé à toutes jambes dans une direction opposée à celle de Mathus et j'aurais dompté ma dangereuse curiosité.

Dans ce couloir, ou il me fallait rester en place, ou je longeais la fausse porte.

Un regard est si tôt jeté, l'œil est facilement ébloui, la raison s'égare si vite !

Eh bien, loyalement, je crus mieux faire de rester derrière l'angle qui me servait d'abri.

J'analyse mes impressions les plus fugitives parce

que rarement, jamais peut-être, un homme ne se trouva
dans l'étrange position où m'avait jeté une succession
d'événements extraordinaires ; parce que cette heure fut
pour moi solennelle et fatale.

Peut-être le mieux eût-il été d'appeler Mathus, de lui
raconter tout ce qui s'était passé.

Il eût compris que, venu au Santa-Crux pour passer
une nuit dans ses ruines, je n'étais pas coupable de
préméditation ; que j'avais été surpris par sa présence
inopinée.

Ce grand analyste du cœur humain devait bien le
savoir ; on se laisse désarçonner au moral comme au
physique par des écarts imprévus. Il m'eût pardonné.

Oui, sûrement il m'eût pardonné.

Mais cette idée ne me vint pas ; j'étais trop déterminé
à réparer ma faute pour ne pas la mettre à exécution si
cette lueur avait brillé pour moi.

Je plaide ma cause largement ; car peut-être Mathus,
qui n'entendit pas ma justification, la lira-t-il. Cet
homme doit se souvenir de moi ; il s'inquiète sans doute
de ce que je fais ; car enfin j'ai tenu sa vie entre mes
mains. Menacé, en cas de légitime défense, ayant devant moi un vieillard, derrière lui d'incalculables richesses, je résistai à la fascination de l'or, à l'instinct
de la conservation ; je reçus un coup de feu, une blessure ; sans riposter.

Il doit me tenir compte de tout cela, le vieux juif
d'Oran.

S'il me lit, il m'appréciera.

Je crois que dans certaines crises l'âme a des pres-
sentiments que la science peut expliquer ; les facultés
et les sens surexcités acquièrent une puissance inouïe,
et des indices imperceptibles sont alors perçus avec une

incroyable lucidité et commentés presque intantanément.
Puis le magnétisme doit jouer un grand rôle dans ces
circonstances; le rayonnement électrique des êtres et
des choses est arrivé à son maximum d'intensité, à une
puissance de projection énorme, et il se produit des
chocs à d'incroyables distances.

Etait-ce bien la défiance qui fit sortir le juif de la
chambre ou je ne sais quel secret avertissement de ma
présence, donné par un de ces presentiments niés longtemps, et que des hommes éminents admettent aujourd'hui?

Toujours est-il que sa lanterne en main, il regarda
autour de lui; mais il ne pensait pas que l'on se fût in-
troduit dans le souterain; il n'en inspecta que l'entrée
et les abords.

Pourtant il lança dans ma direction un regard qui
pesa lourdement sur moi.

Enfin il rentra.

J'entendis alors un bruit.. un bruit sec, métallique,
qui vibra clair, sonore, brillant; il me sembla entendre
des cascade de piasires, de louis, de sequins tomber sur
des flots d'or.

Mathus avait trouvé un trésor!

. . . .

L'or sonnait et tintait...

Je ne voyais pas Mathus; mais je me l'imaginais soulevant, à pleine mains, les pièces entassées et les laissant retomber sur les monceaux rutilants qui emplis-
saient le caveau.

Par mon oreille frappée de sons divers, je me repré-
présentai assez exactement — j'en jugeai plus tard — les
trésors fabuleux que le juif avait découverts.

Il me parut qu'il piétinait dessus parce que ses pieds,

glissant sur les couches de séquins, les déplaçoient; j'en entèndais les grincements.

Puis je reconnus aussi qu'il devait se trouver parmi la monnaie des lingots dont la chute était très-lourde; si lourde, que Mathus dut renoncer à soulever l'un d'eux, car il poussa les geignements de l'homme impuissant à déplacer un fardeau.

Je prêtai une telle attention à ce qui se passait dans la chambre, que j'oubliai et ma résolution et ma situation; mon esprit fut tout plein de cette idée : supputer ce que pouvaient contenir les quatre murs de la cachette!

La curiosité avait subitement repris son empire; ma conscience engourdie avait perdu le sien; l'or ajoutait sa fascination à la soif de savoir; je m'avançai vers le *réduit*.

Mais, imprudence inexplicable (dont vainement je cherchai le motif,) au lieu de ramper, au lieu de me dissimuler, je marchai droit et rapidement au but.

Et pourtant je surpris Mathus.

La lampe éclairait la salle; l'or couvrait le sol, le pavant de richesses inouïes, que le centenaire foulait de ses sandales.

Mais ce que je n'avais pu deviner, parmi les pistoles, les lingots et les piastres, des bijoux, bracelets, bagues, ceintures, se trouvaient mêlés; l'éclat scintillant des brillants me frappa.

Toute évaluation était impossible.

Mathus était calme.

Il procédait à un triage intelligent qui lui permettait d'emporter de suite les plus précieuses valeurs, sous le plus léger format.

Il cherchait les perles et les diamants.

C'était réellement une puissante nature que celle de ce

juif; l'espoir l'avait presque tué; la réalité le trouvait froid, résolu, calculateur.

Moi, je perdis la tête.

J'entrai, sans savoir ce que je faisais, frappant de mon talon le tapis métallique, regardant tout avec l'ébahissement stupide qui paralyse les facultés, fou peut-être, égaré à coup sûr, n'ayant aucun plan, aucune arrière pensée, aucune prévoyance de ce qui arriverait.

Certains rêves donnent une idée de cet état de l'âme.

Dans ces rêves, on voit se dérouler, sans y prendre part, des prodiges auxquels on est mêlé, c'est-à-dire qu'on y joue un rôle passif, alors on ne s'intéresse à ce qui se passe que par nécessité et l'on ne cherche qu'à voir, sans tâcher d'influer sur le cours des événements.

Ainsi de moi.

Mais je ne songeai point.

Du reste l'idée ne me vint pas que je pouvais être endormi et sous l'oppression d'un cauchemar; l'illusion laisse toujours un doute, l'intelligence qui sommeille a des soubresauts et l'homme qui étouffe une hallucination cherche à y échapper; il se console, se disant : Je sortirai de ma torpeur, celui qui rêve un beau songe craint le réveil.

Moi, je sentais la réalité.

. . . .

Mathus, arraché à sa préoccupation, se retourna et me vit.

De sa robe il tira un revolver.

Un revolver !

Je me souviens que je fus étonné et froissé.

Cela jurait avec la couleur locale; ce juif devait avoir un pistolet à pierre avec garniture d'argent, comme tout Oriental.

Au lieu de l'arrêter, au lieu de protester, ou de chercher à éviter le coup, je réfléchissais à cela.

Il fit feu.....

Je crois qu'il ne m'avait pas reconnu.

La balle me frappa.....

Mathus avait tiré un peu précipitamment; sa balle ne m'atteignit qu'au bras, me déchirant les chairs legerement, sensation d'un coup de fouet qui cingle fortement la peau nue.

Le juif avait plusieurs balles à tirer; je le compris et me baissai tout en bondissant contre lui; sa seconde décharge passa par dessus ma tête. Il fut renversé, desarme en un clin d'œil et réduit à l'impuissance.

Il m'avait reconnu.

Sous ma main qui le terrassait il murmurait des reproches dont je fus piqué.

— Eh! maître, lui dis-je, ce n'est pas après avoir voulu m'assassiner qu'il faut me traiter ainsi. Relevez-vous.

Je l'aidai à se remettre sur pied.

Il me regardait d'un air farouche; moi je riais de sa peur. n'ayant aucune intention mauvaise.

— Maître, dis-je, ne vous méprenez pas; je ne vous veux aucun mal; je me repens d'avoir manqué a ma promesse.

Puis, rapidement, je lui racontai ce qui s'était passe depuis le moment ou je l'avais aperçu; son visage se rasserénait peu à peu; mais il advint — j'en ai pleine souvenance maintenant — que, dans ma précipitation, je ne songeai pas à lui exposer le motif qui m'avait fait grimper au Santa-Crux; si bien qu'il dut supposer que j'avais voulu l'espionner.

Oubli malheureux!

— C'est bien! me dit-il; tu es moins coupable que je

ne le craignais d'abord. Emplis tes poches de bijoux comme moi; prends-en tout ce que nous pourrons en porter sans éveiller l'attention en passant aux portes de la ville. Hâtons-nous.

J'étais enchanté de la tournure que prenait l'affaire Mathus pardonnait, nous allions redescendre à Oran. je verrais Noémie; je...

Et mes mains fiévreuses fouillaient les tas d'or pour y trouver les pierres précieuses.

— Assez ! me dit Mathus au bout d'un instant, pas d'imprudence. Ne risquons pas de tout perdre, il ne faut pas que l'on ait l'idée de nous fouiller quand nous passerons au *Ravin*. Nous reviendrons faire un second voyage avec des mules et nous enlèverons tout.

— Allons nous-en, dis-je.

— Pas encore ! fit-il. Les portes ne s'ouvrent qu'au jour; nous ne devons rentrer qu'à sept heures, comme gens qui ont fait une promenade matinale. Asseyons-nous et fumons en causant jusqu'à l'aurore.

Mon cœur bondissait de joie, le vieux Mathus me traitait familièrement, sans rancune; je me voyais au comble de tous mes vœux.

Je tirai ma blague pour rouler une cigarette; lui bourrait une petite pipe indigène.

— Quel tabac fumes-tu donc là? me demanda-t-il d'un air d'intérêt.

— Du Bosson ! fis-je.

— Votre Bosson est le meilleur débitant d'Oran, c'est vrai, dit-il; mais voici un certain *touchean*, qui est divin pour la cigarette. Essayes-en.

J'eus la niaiserie d'accepter, je me laissais aller à une confiance aveugle, quand j'aurais dû être tout défiance et tout soupçon.

Je fumai.

— Ah! ça, maître, dis-je, puisque nous n'avons plus rien à faire, causons. Nous sommes amis à cette heure; tu me vois disciple docile et dévoué; ne m'expliqueras-tu pas tes secrets?

— Lesquels?

— La vipère d'abord.

— Ah! fit-il, volontiers. Le reptile t'intrigue, tête folle, tu ne m'as donc pas deviné? Ce collier qu'elle avait au cou était un anneau d'or, je cherchais ce trésor depuis bien longtemps, ayant rencontré la vipère aux abords des fossés et remarquant cette bague engagée à son cou, j'en conclus que cette petite bête avait son repaire dans l'endroit même où gisaient les richesses que mon aïeul m'avait signalées. Je me dis que probablement, en rampant, le serpent par mégarde, soit en cherchant une issue, soit autrement, avait engagé sa tête dans l'anneau, et, qu'une fois entré, celui-ci était resté, l'animal n'ayant aucun moyen de s'en débarrasser.

Peu à peu les chairs avaient formé bourrelet.

— Mais, demandai-je, comment l'as-tu dressée?

— Je ne l'ai pas dressée. Tout reptile, placé près de son trou, cherche aussitôt à regagner celui-ci. J'attachai un fil au cou de la vipère et je la lâchai non loin du lieu où je l'avais attrapée; je sifflais pour activer sa fuite qu'elle dirigea naturellement vers son refuge. Et mon espoir n'était pas vain, mes conjectures n'étaient pas fausses, puisque nous sommes assis sur un trésor immense. Quant à mon influence sur les reptiles, je la dois aux *charmeurs de serpents* qui m'ont enseigné leurs pratiques.

— Et ton chien? demandai-je.

— Il a treize ans, me dit-il. Je n'ai moi que quatre-vingt-dix-ans, mes ancêtres ont tous vécu cent trente ans; j'ai donc encore le temps de trouver le problème que je cherche; d'autant plus que ceci — il me montra sa fiole — me poussera en tous cas jusqu'à cent soixante. Pour nous entourer de mystères et avoir un prestige contre les grands et la foule, nous avons toujours pris soin dans la famille de passer pour très-vieux : quand le père était mort, le fils qui avait toujours avec lui une ressemblance extrême, lui succédait, se vieillissant si cela était nécessaire. Nous possédions une race de chiens qui se perpétuait inaltérable, dont on réservait toujours deux vieux mâles prêts à succéder à celui qui, chargé d'accompagner le représentant de la famille, le suivait partout. De là, l'erreur des gens d'Oran; de là les deux ou trois siècles que l'on donne parfois à mon levrier et à moi. Lamoricière est resté convaincu que j'avais cent cinquante ans! Fume donc encore une cigarette.

Et il me tendit son tabac.

— Parlons de nos projets, de Noémie, reprit-il; nous allons partir: nous.....

Et il me grisa en me berçant d'espérances; je fumais toujours.

Ma tête pourtant s'alourdissait; je ne lui répondais plus; peu à peu je m'engourdis; je luttais contre le sommeil... lui me murmurait le nom de Noémie... je m'endormis en l'entendant vibrer à mon oreille...

Le tabac du vieux juif était saturé d'opium, selon la mode orientale.

Lui, accoutumé au kief, le fumait impunément; ce narcotique me plongea dans une longue torpeur.

Je m'éveillai... Plus rien dans la chambre.

Je secouai mes membres engourdis, je regardai autour de moi, plus d'or.

Un cri de rage s'échappa de ma poitrine, je descendis en courant vers la ville, droit vers la maison de Mathus.

Mais un sergent du régiment m'arrêta.

Il m'apprit que j'étais déserteur. Depuis onze jours je n'avais pas paru à la caserne.

Mathus m'avait tenu endormi tout ce temps, en me faisant probablement avaler à différents intervalles quelques doses d'opium.

Je passai au conseil de guerre, je racontai ce qui m'était arrivé, et, après une longue enquête, je fus acquitté; car on trouva la chambre, on trouva les outils du juif, on trouva même la vipère cornue dans sa boîte avec son anneau au cou.

Cet anneau, je l'ai.

Quant à Mathus, il avait frété une balancelle espagnole et s'était embarqué avec toute sa famille; il avait emporté, je ne sais où, son trésor, — celui du Santa-Crux — et le mien : Noémie!

Souvent quand je regarde l'anneau d'or, en fumant une cigarette, je me dis qu'une bien jolie fille pense peut-être à moi.

Si pourtant Mathus apprenait jamais que je n'étais pas monté au Santa-Crux pour l'espionner, qui sait ce qui a lviendrait?

Une feuille de papier imprimé va si loin parfois, que ce récit lui parviendra peut-être.

Et alors...

IX.

LE CAÏD DES BENI-MELADS.

C'était en 184.. ; nous n'avions pas encore conquis toute la province d'Oran.

Établis dans cette dernière ville, à Tlemcen, à Nemours, nous occupions des points stratégiques; mais entre nos redoutes, les tribus belliqueuses se révoltaient souvent.

Messerghin, à quatre lieues d'Oran, était un de nos blokaus; un régiment de spahis l'occupait et tenait en échec les Melads, nos ennemis acharnés.

Dans ce cercle, nous avions pour alliés les goûms (troupes armées) des Douairs, auxiliaires fidèles mais trop longtemps féroces, que nous eûmes beaucoup de peine à soumettre aux exigences du droit des gens.

Pour ces farouches guerriers, rien n'était sacré de ce qui appartenait à l'ennemi; ils ne faisaient jamais de quartier dans leurs sanglantes razias.

Ils étaient particulièrement chargés de couvrir les abords de Messerghin par des postes permanents.

Réunis sous des tentes au nombre de trente, dix ou quatre hommes, selon le point occupé, ils veillaient à préserver notre position de toute surprise.

Les chefs français du régiment de spahis surveillaient, par de fréquentes inspections, ces détachements des Douairs et il fallait déployer une grande énergie pour les plier à notre discipline.

Une nuit il advint qu'une de ces embuscades fut mise en alerte par l'arrivée d'un cheval lancé au triple galop, qui vint donner contre la tente même et s'abattit en crovant l'étoffe ; il resta couché sur les lambeaux de la *maison en toi'e*, comme disent les Arabes ; près de lui, gisait évanouie une jeune fille indigène qu'il avait apportée dans sa course folle.

Les Douairs qui formaient le poste s'étaient levés, blasphémant Allah et le Prophète comme de vieux vauriens qu'ils étaient ; mais, quand ils virent que le coursier malencontreux leur avait amené une des plus jolies vierges des Melads (ils la reconnurent pour telle à sa façon de nouer sa ceinture), leur mauvaise humeur se changea en joie, joie brutale, joie sauvage.

L'un s'empressa de relever le cheval ; l'autre de réparer la tente tant bien que mal ; les autres de faire revenir à elle la prisonnière, — pour eux, c'était une captive du moment où, appartenant à un douar ennemi, elle tombait en leur pouvoir.

— Eh ! gazelle des Melads, dit l'un en arrosant le front de la prisonnière de l'eau de sa peau de bouc, ouvre donc tes yeux : nous voulons voir si ton regard est aussi doux que celui de nos femmes.

La jeune fille reprit ses sens.

— Qui êtes-vous? demanda-t-elle en se voyant entourée de ces guerriers étrangers à sa tribu.

Et elle se leva effarée.

— Là! pas d'écart, fillette aux pieds mignons; ne
nous sauvons pas, dit le chef des Douairs; nous sommes
les lions dont vos hyènes de Melads ont senti les
griffes.

La jeune fille se sentit perdue; mais elle se redressa
avec une fierté sauvage et répondit avec dédain :

— Vous mentez; vous n'êtes pas les lions, mais les
chacals qui les suivent; ce sont les Français qui nous
ont vaincus, et non vous, qui les suivez de loin pour
venir après le combat ramasser les reliefs du butin.

Sous cette insulte, les Douairs pâlirent de rage; les
yeux du chef étincelèrent de fureur : il saisit son matraque (bâton) et en frappa la jeune fille, qui alla s'af-
faisser dans un coin de la tente, s'y accroupit et attendit
que l'on décidât de son sort.

Les Douairs suivirent l'usage des bandes indigènes :
quand elles ne peuvent partager le butin, elle le jouent :
et les décisions du hasard sont toujours respectées. La
prisonnière fut donc tirée au sort.

C'était certes une scène de mœurs étrange que celle-là.

Au milieu de la tente un feu de braise jetant des reflets rougeâtres, autour du foyer dix guerriers arabes,
plus bandits que soldats, sales, déguenillés, aux visages
sombrement énergiques, couvant de leurs prunelles ar-
dentes la captive qu'ils convoitaient.

Autour du poste perdu à l'avancée, la solitude nue,
morne, désolée ; au loin, les hurlements des fauves courant la plaine; çà et là, les feux mourants des autres
bivacs.

Par un déchirement de la tente, la jeune fille qui al-

lait échoir à l'un de ces brigands, pouvait apercevoir les
lueurs affaiblies dont sa tribu éclairait les sommets de
ses montagnes; signal d'appel pour celle que l'on attendait en vain dans son douar; elle, pâle, mais superbe
dans son écrasant mépris.

C'était une femme de grande taille, au profil d'aigle,
admirablement pur et resplendissant d'orgueil.

Elle avait aux lèvres un sourire qui annonçait la résolution formelle d'échapper à l'ignominie dont elle
était menacée.

Cependant ils se la disputaient, les dés roulaient sur
le sable de la tente, et ceux qui perdaient grondaient
des imprécations.

La fortune fut cruelle; elle donna la prisonnière à un
vieux drôle dont les yatagans de l'ennemi avaient dé-
chiqueté le visage, en sorte que les cicatrices ajoutaient
à la laideur native du masque leurs sillons affreux. Impossible de donner une plus belle fille à un plus affreux
coquin. Le soldat arabe est plus repoussant mille fois
que tout autre.

Ce sacripan indigène vint vers sa victime; celle-ci
recula épouvantée, à la vue de cette tête atrocement
défigurée.

Mais lui, riant de sa peur, lui dit:

— Par Allah! les Melads sont gracieux pour moi; ils
m'envoient leur plus belle fleur en présent. Tu as tort
de fuir, rose de mon cœur; le Prophète fait bien ce qu'il
fait; il s'est dit que tes frères m'avaient blessé si souvent, qu'il t'appartenait de me consoler.

— Chien! fils de chien! je ne serai pas longtemps
ton esclave, s'écria la prisonnière; je saurai trouver un
poignard pour t'échapper en mourant.

— Nous verrons! fit en ricanant le Douair.

7.

Et il voulut emmener la jeune fille.

Mais tout à coup un spahi apparut...

C'était un brigadier français.

Les Douairs parurent décontenancés à la vue du spahi ; les charbons jetaient quelque clarté et permettaient de lire la mauvaise humeur sur le visage du brigadier français.

— Toujours les mêmes ! gronda-t-il en arabe avec sévérité, négligents dans le service, paresseux comme des sangliers repus ; vous volez l'argent de la France.

Il n'avait pas encore vu la prisonnière que dissimulait celui auquel elle appartenait.

— Mohammet, reprit le spahi, s'adressant au chef, pour n'avoir pas placé de factionnaire devant ta tente, tu recevras deux coups de bâton sous la plante des pieds et chacun de tes hommes un.

Des récriminations accueillirent les paroles du brigadier ; les Douairs en étaient surtout froissés à cause de la présence d'une fille Melad.

— Div Allah ! s'écria le spahi en entendant les sourdes menaces des Arabes, vous faites des observations, je crois ! Je double les coups de bâton et je fais sauter la cervelle au premier qui bronche.

Tirant alors de sa ceinture son pistolet, le brigadier l'arma.

C'était un grand et beau garçon que le brigadier Nudel, un magnifique type de Gaulois ; une grande barbe fauve encadrait sa face léonine ; son œil gris flambait ; son front puissant était creusé de larges plis ; il tenait sous la gueule de son arme les dix vauriens qui tremblaient et dont pas un n'osa bouger.

Devant leur impassibilité, il se calma, remit son pistolet à sa ceinture et dit au chef :

— Allons, vite, une sentinelle dehors et trois hommes en patrouille.

L'ordre fut exécuté et le spahi allait quitter la tente sans avoir remarqué la prisonnière; mais celle-ci n'avait cessé de regarder avec une sorte d'admiration l'énergique soldat qui venait d'humilier ses ennemis; elle fit soudain un pas en avant, mue par un sentiment étrange, mais fort naturel dans un cœur de femme arabe.

Elle repoussa brusquement le vieux Douair qui voulait la retenir, et écartant son voile, elle dit au spahi :

— Regarde-moi : je suis, disent les jeunes gens, la reine de ma tribu; tu ne saurais me dédaigner et je te préfère, toi roumi (chrétien) courageux, à ces lâches mouslems (musulmans).

Le brigadier poussa un léger cri de surprise.

— Qui es-tu? demanda-t-il.

— Dinah, la fille du scheik Abd-Errammon, répondit-elle.

— Comment te trouves-tu ici?

— Par la faute de mon cheval qui, en me ramenant du Rio-Salado à mon douar, s'est emporté et m'a menée jusqu'ici tout d'une traite.

— Tu voyageais donc seule?

— Trois serviteurs m'accompagnaient; mais ils n'ont pu suivre mon *buveur d'air* (cheval de sang). J'ai eu le malheur de tomber aux mains de ces misérables et ils m'ont tirée au sort.

— Ah! fit le spahi les sourcils froncés, ils se sont amusés à te jouer aux dés! Je te promets qu'ils payeront cher ce divertissement. En attendant que je les fasse châtier, viens!

— Quoi! s'écria le vieux douair qui perdait une jolie femme à cette résolution, tu m'enlèves mon butin!

— Ton butin! vieux chadi (singe)! Tu appelles cette fille ton butin! Tu as de l'audace.

— Il est pourtant convenu avec les Français, observa le chef, que les dépouilles de l'ennemi appartiennent à ceux qui les prennent.

— Dans un combat, oui, sauf pourtant les nègres, que nous rendons libres, les femmes, que nous laissons à leurs maris, les enfants, que nous vous forçons à épargner et les chevaux, que le gouvernement s'attribue.

— C'est vrai! fit le chef, tête basse.

-- Donc, fais seller le cheval de cette jeune fille.

Un Douair sortit et détacha le coursier qui avait été attaché à un pieu, au milieu des chevaux du poste.

Le vieux Melad déguisait mal sa fureur, mais il n'osait pourtant braver le brigadier qui n'eût pas hésité à lui faire sauter la cervelle.

Cependant il s'approcha pour réclamer les bijoux de celle qu'il était forcé de laisser partir.

— Je n'ai pas droit à la femme, dit-il, mais son collier et ses bracelets sont à moi.

— Bah! fit le spahi railleusement, tu oublies que nos conventions n'accordent le butin qu'à celui qui s'est battu. T'es-tu battu, vieux chacal?

— Non?

-- Alors, tais-toi.

Et le spahi en même temps prenait galamment la jeune fille dans ses bras et la plaçait en selle, comme il eût fait d'un enfant.

Mais il entendit le Douair murmurer :

— Vienne le jour de la razzia et je saurai bien me venger de cet affront.

— En m'envoyant une balle traîtreusement, n'est-ce pas? fit le spahi. Mais je serai si loin en avant de toi, que

tu ne saurais m'atteindre : tu es trop lâche pour marcher
à mon rang.

Et d'un coup de crosse de pistolet dans la poitrine, il
envoya rouler le Douair à dix pas.

Dinah était vengée ; elle souriait, avec un plaisir un
peu sauvage, de l'humiliation de ses ennemis et de la
déconvenue de celui dont elle avait failli être l'esclave.

Le spahi était monté à cheval.

— En route ! dit-il doucement à Dinah.

Celle-ci suivit son sauveur qui galopait dans la direction des villages Melads.

Après une demi-heure de course elle parut surprise.

— Où me conduis-tu donc ? demanda-t-elle.

— Vers ta tribu, répondit le jeune homme. Je te rends
la liberté.

— Ah ! fit-elle étonnée.

— Que croyais-tu donc ? demanda le spahi.

— Je croyais que m'étant offerte à toi, tu me garde-
rais ! dit-elle ingénument.

— Nous ne prenons point les femmes de nos ennemis, dit le spahi. Voilà les feux de ton douar, là bas. Va
et rappelle-toi que les Français sont des adversaires
loyaux. Tu le diras aux tiens. Dieu te garde, Dinah !

Mais elle, au lieu de remercier son sauveur, baissa la
tête, ne dit mot et s'éloigna : plusieurs fois, en s'éloi-
gnant, elle tourna les yeux vers le spahi stupéfait et
cloué à sa place, puis elle disparut.

— Parbleu ! se dit le brigadier, voilà qui est singulier ! Pas même un mot de reconnaissance. Décidément,
hommes ou femmes, ces gens-là sont de vrais sauvages.

Et il tourna bride pour retourner à Messerghin.

Le lendemain, le régiment de spahis recevait l'ordre
de monter à cheval pour attaquer les Melads qui marchaient sur Messerghin.

Trois mille cavaliers arabes étaient rassemblés dans
l'immense plaine du Rio-Salado; quatre cents spahis,
cinq cents auxiliaires menés par le célèbre Mustapha,
et un demi-bataillon de ligne attendaient le choc des
tribus.

Il fut terrible.

Ces nuées de cavaliers s'abattirent avec fracas sur le
carré que formait notre infanterie; mais nos soldats,
inébranlables, tinrent comme des murailles, et leur fu-
sillade mit le désordre dans les masses qui les entouraient.

A cet instant nos escadrons donnèrent, et ils firent
un carnage épouvantable des Melads, qui tournèrent
bride et s'enfuirent; on les poursuivit la pointe aux
reins.

Les vainqueurs s'acharnèrent contre les vaincus; les
deux partis s'éparpillèrent bientôt par groupes dans le
désordre de la pourchasse.

Cette charge fut féconde en péripéties; les Melads
tinrent tête çà et là contre des pelotons qui s'étaient
aventurés trop loin; plusieurs des nôtres payèrent de leur
tête leur audace imprudente.

Le brigadier Michel, ambitieux et brave, conduisait
une trentaine des siens à la chasse d'un gros de Melads
qui, voyant cette poignée d'hommes loin de tout secours,
fit volte-face; Michel et les siens donnèrent tête baissée
au milieu d'une troupe quatre fois supérieure en nombre. Les spahis, après un vif engagement, perdirent courage et ne cherchèrent plus qu'à se dégager; Michel, au
contraire, poussait au plus épais de la mêlée.

Il fut entouré, blessé et pris, malgré des efforts surhumains.

Au lieu de le massacrer sur-le-champ, les Arabes le garottèrent; ils tenaient à faire des prisonniers pour se venger sur eux, par la torture, de la défaite subie.

Une heure après le combat, Michel était amené dans un douar; quatre blessés attendaient, comme lui, la mort horrible du bûcher.

La colonne ne pouvant s'aventurer trop loin de Messerghin, s'était repliée sur le blokaus; il n'y avait aucune espérance de salut pour les pauvres prisonniers.

Les Melads étaient exaspérés par leurs pertes. Jamais l'Arabe ne fait quartier à l'ennemi; mais dans les triomphes, il se contente de lui couper la tête; après un échec, il lui inflige des tourments atroces.

Les femmes, chose assez bizarre pour nous autres Européens, sont plus acharnées que les hommes; elles imaginent des raffinements de cruauté inouis.

L'on conduisit les Français au pied d'un arbre; on les suspendit aux branches par des cordes passées sous les épaules, et l'on apporta sous leurs pieds nus des broussailles destinées à les brûler.

Mais auparavant, les femmes s'approchèrent pour les piquer avec leurs longues épingles mauresques, leur arracher les yeux et leur clouer la langue sous le menton.

Le supplice commença au milieu des cris, des injures, des danses frénétiques d'une population immense.

Michel et ses camarades avaient déjà reçu une centaine de coups d'épingles, quand tout à coup une jeune fille fendit la foule et arrêta les bourreaux femelles qui s'acharnaient sur leurs victimes, ménageant toutefois la souffrance avec un art infini, pour la faire durer plus longtemps.

C'était Dinah...

— Tiens! dit-elle à Michel en étendant sur lui son haïque, voici mon *anaya*.

Et se tournant vers la foule :

— Malheur a qui le touchera ! dit-elle.

C'était la fille du scheik; nul n'aurait osé lui désobéir; puis l'anaya (1) d'une jeune fille est sacré.

— Je n'accepte la vie, dit Michel résolûment, que si mes camarades sont sauvés comme moi.

— Soit! fit la jeune fille.

Et elle déchira son haïque en morceaux pour en donner un à chaque Français.

— Frères, dit-elle ensuite aux guerriers de sa tribu, cet homme est celui qui m'a généreusement sauvée des Douairs; il faut, pour moi, faire grâce à lui et aux siens.

La foule s'écoula silencieuse...

Dinah était adorée de son douar; on était reconnaissant à Michel de sa conduite; personne ne regretta l'abandon de sa vengeance.

La jeune fille confia les compagnons du brigadier à des parents dont elle était sûre; elle emmena le jeune homme lui-même dans sa tente.

Il y trouva, couché sur une natte, le père de la jeune fille, blessé au bras et entouré de médecins indigènes, charlatans ignares qui parlaient de couper le bras du scheik.

Michel, quoique très-souffrant lui-même, et pouvant

---

(1) On appelle *anaya* le signe visible d'une protection accordée par quelqu'un. Ainsi un marabout donne un bâton, un burnous ou un cachet à celui qu'il veut faire respecter.

à peine se tenir debout, s'approcha du patient, examina la blessure, et déclara qu'il en répondait.

Comme la plupart de nos soldats, il possédait quelque notion de chirurgie.

— Vous devez avoir un espion ici? dit-il.

— Oui, répondit-on.

— Oserait-il aller à Oran?

— Certainement.

— Aurait-il foi en moi?

Sur cette question, Dinah étendit la main sur le spahi et affirma qu'elle répondait de sa loyauté.

Un jeune homme s'offrit alors.

— Va à Oran, dit le spahi après avoir écrit, sur une feuille de papier arrachée à son carnet qu'il avait conservé, une liste de médicaments et d'instruments; tu remettras ceci à un pharmacien, le premier venu, et tu reviendras avec les objets que je lui demande.

Si on te questionne, tu diras que le brigadier Michel, qui a signé ce billet, a besoin de ces remèdes pour soigner les Douairs; on te croira, car on ignore encore à Oran que je suis captif.

L'Arabe monta à cheval et partit; le lendemain, à midi, il était de retour, sain et sauf.

Mais d'assez singulières choses s'étaient passées en son absence.

Michel, après le départ du courrier, s'était empressé de panser le scheik; puis d'autres familles avaient réclamé ses soins pour leurs blessés; le brigadier avait fait mander ses compagnons et quoique souffrant tous, ils lui avaient aidé; si bien que tous les Arabes furent enchantés des Français, qui avaient su arrêter les hémorrhagies en liant une artère, tandis que les médecins indigènes ne savaient appliquer en pareil cas qu'une compresse de terre glaise sur la plaie ; ils avaient enlevé quelques balles, remettant les opérations difficiles au lendemain ; ils avaient bandé les chairs béantes, débridé les contusions, soulagé tout le monde.

Les Melads portaient aux nues ces hommes qu'ils voulaient massacrer un instant auparavant.

Dinah avait accompagné Michel partout ; mais le jeune homme avait remarqué, non sans surprise, que la jeune fille affectait envers lui une froideur extrême.

Il fut au comble de la stupéfaction, quand, profitant d'un instant où il se trouvait seul près d'elle, il la vit retirer brusquement sa main qu'il avait saisie pour y coller ses lèvres en signe de reconnaissance.

— Inutile de me remercier, avait dit Dinah sèchement ; tu m'as sauvée, je t'ai sauvé ; nous sommes quittes.

Étrange réponse !

Michel, froissé, n'avait plus renouvelé ses tentatives.

Les pansements terminés, il se coucha sous la tente du scheik et se perdait en conjectures sur la cause de ce dédain.....

Le lendemain il fut réveillé par le cavalier qui revenait, muni d'une trousse de chirurgien et des médicaments.

Michel trouva Dinah prête à l'accompagner ; mais son visage était toujours de glace.

Cependant elle dit au spahi :

— Tu es blessé aussi, toi ? T'es-tu soigné ?

— Je n'ai presque rien, dit-il ; une contusion qui sera guérie dans huit jours.

Ils sortirent de la tente.

La jeune fille se tut ; et il fut impossible à Michel de deviner si c'était par un intérêt réel ou par un simple sentiment des convenances qu'elle s'était enquise de sa santé.

Dinah marcha cinq ou six pas en silence, paraissant vouloir parler, hésitant, puis se décidant :

— Je dois t'avertir, dit-elle soudain, que toi et tes amis, vous êtes libres. Mais si tu veux rester quelque temps près de nous, pour nos malades, nous vous bénirons.

— Renvoie mes compagnons, dit Michel ; moi je demeurerai ici tant que l'on aura besoin de moi.

Les yeux de Dinah étincelèrent, mais ce ne fut qu'un éclair.

— Merci ! Dieu te récompensera ! dit-elle.

Et, de toute la journée, elle ne parla plus au jeune homme.

Le lendemain et les jours suivants se passèrent ainsi ; mais un soir, il y eut dans la tribu grande agitation.

Dinah vint trouver Michel inquiet, le conduisit au milieu des vieillards rassemblés en conseil et lui demanda (1) :

— En conscience, combien les Français ont-ils de soldats dans leur pays ?

— Pourquoi cette question ? fit le spahi.

— Réponds. On te le dira ensuite.

— Quatre cent mille, répondit Michel.

— Jure-le sur ton Dieu.

— Je le jure !

Ce serment fit une profonde impression sur les chefs : ils se levèrent et rompirent l'assemblée, après avoir remmené Michel.

_____

(1) Historique.

— Que se passe-t-il donc? demanda celui-ci à Dinah.

— Une chose heureuse! s'écria-t-elle toute joyeuse. Nous allons faire la paix avec les Français; j'ai pressé mon père, qui y a poussé la tribu en lui déclarant que vous étiez trop forts, et que résister était insensé. Ta déclaration à convaincu les chefs. Maintenant nous ne serons plus ennemis.

Et elle regarda Michel en souriant.

Celui-ci prit la main de Dinah, qui, cette fois, ne la retira pas.

— Pourquoi donc, lui demanda-t-il, me boudais-tu ces jours passés?

— J'étais triste, répondit-elle, en songeant que je ne pouvais être ta femme et que tu n'avais pas voulu de moi, parce que nous étions ennemis.

Michel, alors, se souvint de ses paroles, lorsqu'il avait reconduit Dinah à sa tribu; il comprit qu'elle l'aimait. Elle avait mal interprété sa phrase; il n'avait pas deviné son amour.

Dinah continua :

— Étant belle, riche, fille de grande-tente, j'ai pensé que si ma tribu s'alliait à vous, rien ne t'empêcherait de m'épouser. J'ai réussi.

Cette déclaration naïve toucha fort Michel, qui cependant était fort embarrassé; comme brigadier, il ne pouvait se marier sans autorisation; puis cette union était bizarre.

Il s'en expliqua à Dinah.

— C'est bien, dit celle-ci, tout s'arrangera.

. . . .

Quelques jours plus tard le commandant du cercle arrivait au douar; Michel courut au-devant de lui.

— Eh! bien, lui dit le commandant, à quand ce mariage, maréchal-des-logis?

— Mon mariage?... fit le spahi.

— Eh! oui, on vous a donné les galons de sous-officier, on a demandé la croix pour vous, on vous autorise à prendre femme, on vous nomme caïd des Melads avec des appointements superbes, le général Lamoricière assiste à votre mariage. Bref, vous êtes ce qu'on peut appeler un homme heureux. Vous devez beaucoup à vous-même et plus encore à votre future qui a déclaré que si on ne lui accordait pas tout ce qu'elle demandait pour vous, les Melads, au lieu de se soumettre, se feraient tuer jusqu'au dernier homme.

Michel croyait rêver... Mais le rêve était une réalité.

Tout s'accomplit de point en point. Michel fut très-heureux; il l'est encore; il est riche, il est resté sept ans caïd; devenu capitaine, tout caïd qu'il était, il a eu le commandement d'un territoire; il a rendu d'immenses services; il occupe aujourd'hui un grade élevé dans la hiérarchie militaire.

Dinah a reçu une éducation européenne très-brillante; mais, en prenant la grâce et les séductions de la Parisienne, elle conservé sa beauté originale; elle fut la reine des bals donnés cet hiver par les autorités militaires.

Peu de personnes connaissent son histoire et l'on s'étonne fort de remarquer un petit tatouage bleu sur le milieu de son front; c'est la marque de sa tribu que rien n'a pu effacer.

Dernièrement un indiscret, de ceux qui poursuivent les femmes de leurs fades galanteries, se permit de lui demander ce que c'était que ce signe singulier; elle lui répondit fort spirituellement faisant allusion aux hommages inutiles dont il la poursuivait :

— Ceci, monsieur, est la preuve que je suis plus sauvage que vous n'avez l'air de vous en douter.

L'importun se le tint pour dit, mais il chercha vainement le mot de l'énigme..,

Inutile de dire que Michel est un nom d'emprunt ;
toutefois, en cherchant bien, nos lecteurs pourront savoir quelle brillante réputation militaire nous avons
cachée sous ce pseudonyme. Les troupiers d'Afrique savent tous l'histoire que nous venons de conter.

X.

LE SILO ENCHANTÉ.

A Oran, au début de la conquête, l'administration, faute de prison, avait dû se servir des silos de la Casbah qui servaient au bey pour détenir les captifs.

Les plombs de Venise, les cachots de la Bastille, les oubliettes de la tour de Nesle ne furent pas plus horribles que ces silos; nous les trouvâmes dans un état hideux.

Qu'on s'imagine des trous profonds, des puits creusés en terre; chacun d'eux recevait un criminel ou un innocent, car la justice d'alors frappait souvent des gens qui n'avaient pas commis d'autre délit que celui de déplaire au sultan.

Le malheureux que l'on descendait dans ces espèces de tombeaux y était comme enterré; il se trouvait, jusqu'à mi-jambes, au milieu d'un cloaque infect; la terre, couverte d'immondices délayées par une humidité constante, dégageait une odeur fétide que ne pouvaient supporter ceux qui approchaient de l'orifice du trou.

Le prisonnier devait dormir debout contre les parois du souterrain; il avait, en peu de jours, les pieds rongés par la lèpre et dévorés par les mondes insectes qui pullulaient dans la boue.

On jetait à ces misérables condamnés une pâture insuffisante du haut du silo, tant pis pour eux s'ils ne saisissaient point au vol leur nourriture : ils étaient forcés de la manger souillée.

Enfin, ils ne voyaient le soleil que pendant une heure, mais cette heure était un siècle de supplice. Les rayons ardents, dardés à pic, chauffaient à blanc le puits qui devenait une espèce de four; une croûte qui fondait plus tard, se formait sur le cloaque; pour employer une comparaison, la surface de celui-ci se figeait comme celle d'un marais quand il gèle; le patient avait alors les jambes prises dans une croûte consolidée.

Ces silos subsistent encore, on ne s'en sert plus..... heureusement.

Pourtant il fallut bien tout d'abord en user; mais on s'ingénia à les assainir et à les rendre supportables : on les dessécha. On couvrit les orifices; on sema du chlore partout; on les nettoya chaque jour en descendant au prisonnier un panier où il jetait les détritus qui l'auraient encombré; bref, en attendant qu'une prison fût bâtie, on fit pour le mieux.

Du temps du bey, c'était un vieux Turc qui gardait des silos; on donna à cet homme, dont les services pouvaient être utiles, un emploi dans la police, il se montra reconnaissant de ce qu'on lui fournissait un moyen de gagner sa vie, et se dévoua à nous.

De temps à autre, il venait aux silos pour servir

d'interprète entre nos portiers-consigne et les prisonniers.

Il avait recommandé que l'on ne mît personne dans un certain puits, parce que, selon lui, ce puits était enchanté. Il racontait que tous les hommes qu'on y avait enfermés s'étaient évadés.

Le sergent qui faisait fonction de geôlier était Breton; il crut sans peine aux histoires de djenouns que lui débita le Turc.

Les djenouns, pour les musulmans, sont les gnomes de nos paysans; ils jouent le même rôle.

Pourtant un jour, les autres silos étant pleins, un ordre arriva de mettre un prisonnier dans celui qui passait pour être hanté par des fantômes auxquels les condamnés devaient leur délivrance. Il fallut obéir Le commandant de place d'alors ne badinait pas.

Le prisonnier fut descendu dans le puits; on remarqua qu'il souriait avec satisfaction, tant la croyance était enracinée chez les Arabes que ce silo était réellement enchanté et ne gardait pas ceux qu'on lui confiait.

Le sergent prit toutes les précautions d'usage; il recommanda la vigilance aux sentinelles; puis il attendit au lendemain, non sans faire des rondes nocturnes pour s'assurer que les factionnaires veillaient attentivement.

Le lendemain matin il vint visiter le silo; plus de prisonnier.

Il fit son rapport.

Le commandant de place attribua à un défaut de surveillance cette évasion mystérieuse; il distribua libéralement des punitions aux soldats du poste et au geôlier, puis il demeura convaincu que l'on ferait bonne garde

8

et donna ordre de placer un autre Arabe dans le puits.

C'était un assassin.

Le vieux Turc s'en lamenta, prétendant que ce scélérat allait recouvrer sa liberté ; mais le commandant décida qu'une sentinelle ne quitterait ni jour ni nuit l'entrée du silo.

Il était convaincu qu'avec une pareille précaution, l'Arabe ne ferait pas comme ses prédécesseurs. Celui-ci n'avait pas caché sa joie en changeant de prison; il espérait.

Huit jours se passèrent sans qu'il se passât rien de remarquable.

Le commandant triomphait.

Mais l'ancien geôlier du bey soutenait que la moisson ne s'écroulerait point sans que l'évasion eût lieu.

Il ne se trompait pas.

Pendant la neuvième nuit, l'assassin disparut.

Grand émoi dans la Casbah. Le geôlier avec le sergent breton sont enchantés de voir leurs croyances confirmées; le commandant de place est exaspéré : il veut tenter une nouvelle expérience.

Persuadé que la sentinelle s'était endormie ou avait été gagnée, il choisit douze hommes sûrs; il leur confia la surveillance du silo et il leur ordonna de veiller deux par deux, à tour de rôle, sur un nouveau prisonnier qui paraît radieux d'être jeté dans ce puits béni, d'où l'on sortait toujours.

Huit, dix, quinze, vingt jours se passent. Le commandant venait chaque matin, et s'en allait en se frottant les mains et en gouaillant les gens de la Casbah qui s'étaient laissé berner, disait-il, par des fables absurdes.

Mais le vingt-huitième jour (on a conservé la date

exacte), le prisonnier était parti sans laisser de traces.....

Impossible de soupçonner les vieux soldats qui le surveillaient : c'étaient l'honneur, la fidélité, la vigilance incarnés.

Le silo était décidément enchanté.

Le commandant voulut en avoir le cœur net.

Il se fit descendre lui-même dans le puits; il l'inspecta avec une torche. Il ne trouva qu'un trou situé à quatre mètres au-dessus du fond du silo : ce trou, gros tout au plus à y fourrer les deux poings, ne pouvait livrer passage à un homme.

Le commandant fit descendre avec lui un enfant de troupe qui ne parvint pas à fourrer sa tête dans l'orifice.

De plus, sur les parois, on ne remarquait pas la plus petite entaille pouvant permettre de se hisser jusque là.

Il était réellement impossible à un homme de fuir par cet orifice.

On fit néanmoins boucher l'ouverture; puis le commandant, entêté, demanda des soldats de bonne volonté pour rester chaque nuit, à tour de rôle, à côté du condamné.

Il trouva daas la garnison une douzaine d'hommes déterminés, propres à remplir l'emploi qu'il leur destinait.

Cette fois, le commandant était bien sûr d'en finir avec les prétendus farfadets du silo.

Chaque soir la sentinelle était descendue auprès du prisonnier auquel on mettait les menottes, de telle sorte que le surveillant ne pouvait être surpris par lui. Si jamais évasion fut impossible, c'était bien celle-là.

Le commandant dormait sur ses deux oreilles; il eût

parié sa solde d'un an contre le sou de poche du fusilier que le silo garderait son captif.

Des semaines s'écoulèrent...

On allait renoncer à prolonger les expériences et remercier les volontaires, quand, une nuit, l'on entendit
des cris d'appels désssspérés au fond du silo.

On accourut.

Une lutte énergique était engagée entre la sentinelle,
le prisonnier et un autre adversaire inconnu ; lutte mêlée de clameurs d'effroi de la part de l'Arabe, de jurons
furieux du côté du Français, et de sifflements rauques,
stridents, qu'on ne pouvait exactement définir.

On descendit d'abord un fallot au bout d'une ficelle
pour éclairer la scène ; mais avant que l'on eût pu rien
en distinguer, il fut brisé.

On courut en chercher un autre.

Mais, quand on revint, le combat était terminé, car
on n'entendait plus rien au fond du puits.

Le portier-consigne y descendit avec précaution, et y
aperçut un spectacle effrayant.

L'Arabe et le voltigeur qui faisait faction, étaient
étendus au fond du silo ; sur eux étaient enroulés les
deux tronçons d'un énorme serpent.

Le portier-consigne se fit remonter ; il ne put soutenir
l'horreur de cette scène : il s'évanouit à la sortie du silo,
en criant : Le boa ! le boa !

Les soldats du poste se doutèrent de la vérité et descendirent à leur tour ; ils reconnurent que le serpent
était mort, que leur camarade était à demi-assommé,
que l'Arabe, affolé de peur, avait perdu connaissance.

On remonta le monstre et ses victimes ; le constrictor
mesurait cinq mètres de longueur.

On devina tout ce qui jusqu'alors était resté mysté

rieux dans la disparition des autres condamnés. Le boa les surprenait dans leur sommeil, les étouffait avant qu'ils eussent crié, puis les enlaçant dans ses anneaux, il les broyait, les allongeait, les pétrissait comme font ces reptiles gigantesques, les avalait et se retirait.

Cette fois, il avait été quelque temps sans reparaître, parce qu'il avait dû se creuser une issue, la première étant bouchée.

Quand le voltigeur revint à lui, il raconta que son attention avait été attirée par le bruit de quelques morceaux de terre tombant dans le fond du silo; que presque aussitôt le serpent avait paru.

Ce brave soldat, sans perdre son sangfroid, avait crié à l'aide et tiré son coupe-choux, avec lequel il s'était défendu intrépidement.

Il avait réussi à séparer en deux son adversaire, d'un vigoureux coup de revers; mais les deux tronçons, tout sanglants, s'étaient agités dans des convulsions atroces, et leurs contre-coups l'avaient blessé.

Il fut en proie à une fièvre ardente pendant huit jours, et il est encore sujet à des accès périodiques de folie. Cette aventure lui valut sa grâce, et, dans sa tribu, on l'appela l'Homme-au-Serpent.

Quant au voltigeur, il passa caporal; plus tard il fut décoré.

Depuis cette époque, le silo est désigné par le nom de Trou-au-Boa, et on ne manque pas de raconter cette histoire au conscrit qui monte la garde pour la première fois à la Casbah.

On n'écoute jamais ce récit émouvant sans frissonner, en songeant à l'affreuse mort de ces pauvres diables qui croyaient aller à la délivrance lorsqu'ils descendaient dans le silo enchanté.

8.

Ce sujet serait plus terrible dans sa réalité saisis-
sante que la fable du Python, resterait à retrouver un
Delacroix.

Quel tableau ne ferait-on pas de cette scène!

XI.

LE FACTEUR DU DÉSERT.

Nous avons déjà esquissé le type de ces soldats fantaisistes qui, condamnés pour des fautes militaires, entrent après l'expiration de leur peine dans les bataillons d'infanterie légère d'Afrique, que les autres régiments désignent sous le nom de zéphirs.

L'un de ces troupiers, spirituels autant qu'aventureux, fit jadis le voyage d'exploration le plus bizarre et le plus fructueux qu'on puisse imaginer; voici en quelles circonstances :

C'était une pratique finie (le mot est trop vrai pour ne pas trouver grâce); bambocheur, insubordonné, *fricotteur*, tireur de bordées ; il faisait le désespoir des chefs par les tours pendables qu'il leur jouait ; avec cela, brave, intelligent, parlant admirablement tous les dialectes indigènes, ce qui le rendait fort utile et lui méritait l'indulgence des supérieurs. Puis, sa verve de boute-en-train était précieuse à la garnison où il se trouvait :

dans ce poste perdu sur les confins du désert, un millier
de Français risquaient d'attraper le spleen, s'ils ne trouvaient le moyen de se créer des distractions, et notre
zéphyr était doué, sous ce rapport, du génie de l'inven-
tion.

Mais il advint que son temps de service fut terminé,
et ce fut un grand chagrin dans Haghant, quand on sut
que *La Rigolade* (sobriquet significatif) allait partir.

Huit jours avant l'expiration de son engagement (c'é-
tait un volontaire) son fourrier le fit mander et lui demanda où il comptait se retirer.

— A Tombouctou ! répondit La Rigolade d'un ton sé-
rieux.

— Ne plaisantons pas, dit le fourrier ; où veux-tu
aller ?

— A Tombouctou! insista le zéphyr d'un ton résolu;
il est inutile de me faire aucune observation ; c'est mon
idée.

Le fourrier consulta le sergent-major, qui en informa
le capitaine, qui parla au commandant, qui soumit la
chose à l'intendant, lequel déclara au commandant que
rien ne s'opposait à ce qu'un troupier ayant satisfait à la
loi pût prendre son congé pour telle localité qui lui plai-
sait, sauf Paris, Lyon et Marseille. En conséquence, La
Rigolade reçut son congé en bonne et due forme pour
Tombouctou, et on lui donna les vivres et la solde de
route pour gagner la frontière française située à trois
étapes du fort vers le désert.

Toute la garnison était convaincue que le joyeux zéphyr préparait une bonne farce. Le jour de son départ
on s'assembla aux portes du fort pour assister à sa sortie, mais il ne parut pas.

On attendit longtemps : point de Rigolade.

Dès le matin, on avait bien vu un vieil Arabe à barbe blanche s'acheminer du côté du Sahara; mais c'était tout.

On chercha le congédié dans toutes les cantines; impossible de le trouver; on fouilla la redoute sans résultat.

Pendant huit jours, on s'inquiéta du zéphyr. puis on l'oublia.

. . . .

Trois ans s'étaient écoulés. On ne songeait plus à La Rigolade, quand un évènement vint le rappeler au souvenir de ses auciens camarades.

Un jour, on vit s'acheminer vers le fort une caravane si magnifique que les officiers du bureau arabe envoyèrent au-devant d'elle leurs cavaliers pour savoir qui s'avançait en si pompeux apparat.

Les spahis revinrent annoncer que cette troupe si nombreuse formait l'escorte du fameux marabout Rik-Allah, l'un des hommes les plus respectés et les plus riches du désert.

Nos officiers qui avaient entendu parler de ce marabout, savaient qu'il exerçait une influence immense sur les Touareggs et les Magobites, et qu'il avait exécuté de si merveilleux voyages, que les Arabes faisaient courir des fables absurdes sur son compte; il possédait un cheval ailé (affirmaient les indigènes), sur lequel il parcourait d'énormes espaces, s'élevait avec lui dans les régions célestes et parlait à Mahomet lui-même; c'était un homme merveilleux.

Nos officiers pensaient bien qu'il fallait beaucoup rabattre de ces histoires; ils connaissaient l'emphase des indigènes et n'ajoutaient qu'une foi médiocre aux miracles des marabouts. Mais, comme, après tout, celui-là était influent, qu'il importait de se le ménager, ils résolurent de lui faire bon accueil.

En conséquence, ils allèrent au-devant du chef indigène et lui offrirent l'hospitalité, que le marabout accepta avec empressement.

Son cortége fit une profonde impression sur les gens du fort. Jamais de maharis (chameaux coureurs) montés par de plus brillants cavaliers ; jamais palanquins ne furent plus somptueux. Il avait dix femmes qu'on supposa ravissantes, et que plus tard on reconnut telles ; le convoi de ses richesses était immense.

Deux cents Touareggs, lance au poing, s'étaient volontairement adjoints à cent guerriers nègres qu'il soldait ; des serviteurs, hommes, femmes et enfants, formaient une véritable tribu à sa suite.

Le marabout eut tout d'abord de singulières allures. Arrivé à la porte du fort, il pria les officiers de faire entrer d'abord les chameaux chargés de couffins contenant sa fortune ; puis il fit pénétrer aussi dans la redoute son harem ; après quoi il se tourna vers ses esclaves et les Touareggs, et leur enjoignit de se retirer, les congédiant pour toujours.

Cet ordre inattendu parut fort contrarier tout ce monde, qui semblait fanatique du marabout; mais il parla sur un ton qui n'admettait pas de réplique, et il fut obéi.

Il regarda toute cette horde dévouée s'enfoncer dans le désert, puis il poussa un soupir de satisfaction et se retourna vers nos officiers surpris, mais destinés à d'autres ébahissements, et s'écria en français :

— Enfin, m'en voilà débarrassé.

Et ensuite.

— Messieurs, demanda-t-il, avez-vous du bon vin?

On conçoit la stupéfaction des nôtres.

— Quoi ! s'écria le marabout, capitaine M***, ne me reconnaissez-vous point, malgré ma barbe blanche et mon burnous. Je suis La Rigolade !

C'était le zéphir parti du fort trois années auparavant.

Grande fut la surprise.

Un banquet fut improvisé et La Rigolade raconta son histoire. Il avait eu l'idée de gagner une brillante fortune en se faisant facteur ; ce métier — on le verra — est très-productif au Sahara quand on pratique certaine spécialité. La Rigolade ne se chargeait que des lettres à destination du paradis.

Voici comment il avait procédé.

Il s'était dirigé vers une tribu puissante, déguisé en vieux bédouin, après s'être blanchi la barbe avec du suc d'aloès ; il s'était donné aux Arabes comme un pèlerin de la Mecque, favorisé par le prophète du don des miracles.

Tout d'abord, pour donner créance à ses dires, il avait brûlé la peau d'un nègre avec un verre grossissant ; puis il avait accompli deux ou trois tours de passe-passe et sa réputation avait été fondée ; les Arabes sont les gens les plus crédules de la terre ; ils se laissaient tromper par le premier charlatan venu.

Le faux marabout, après avoir capté leur confiance, avait annoncé, qu'il se chargeait de se promener dans les airs sur un véhicule de sa façon ; il avait demandé des pièces de coton, qu'on s'était bien gardé de lui refuser, et aidé de toutes les femmes du Douar, il avait fabriqué une montgolfière, encourageant les travailleuses par ses bénédictions. Il dut beaucoup bénir, car le travail marcha très-vite et son aérostat fut prêt en quelques semaines.

On sait qu'il suffit de brûler de la paille pour chauffer une montgolfière, qui tend alors à monter

Quand tout fut prêt, La Rigolade assembla la tribu. Les indigènes, qui ignoraient ce que c'était qu'un ballon et n'en avaient jamais entendu parler, entouraient le faux prophète dans une anxieuse attente.

Il fit une première expérience qui réussit a merveille et qui arracha aux Arabes ignorants des cris d'admiration.

La Rigolade, en présence de l'enthousiasme délirant de la foule, ne craignit pas d'annoncer que le lendemain il se chargerait de monter jusqu'au ciel et d'y porter les lettres, requêtes et missives que l'on aurait a remettre au prophète, ce, bien entendu, moyennant une preuve anticipée de reconnaissance, sous forme d'especes sonnantes ou de bijoux.

Personne n'hésita à payer grassement un pareil port ; chacun apporta un billet, tracé par un taleb (savant), puis, selon sa fortune, un présent.

La nacelle de la montgolfière, formé d'alpha tressé, reçut et le *facteur céleste* et les lettres et les affranchissements, qui montaient à un joli denier.

Après quoi le zéphir cria en arabe ; lâchez tout! comme Nadar, et il s'envola vers les hautes régions de l'air, aux acclamations de la tribu...

C'était vers le soir.

Pendant une heure La Rigolade chauffa son aérostat avec les lettres de ses dupes ; puis il jugea qu'il était allé assez loin et assez haut, et redescendit tranquillement sur terre à vingt lieues du douar, près d'une oasis où son arrivée produisit une émotion inénarrable.

Il y fut reçu comme un être extraordinaire.

On l'y supplia de renouveler son ascension pour les

habitants du pays, qui ne furent ni moins crédules, ni moins généreux que les autres.

D'oasis en oasis il fit le tour du Sahara ; il visita la cité nègre de Tombouctou et d'autres villes du Soudan plus mystérieuses encore ; il devint l'oracle, le prophète, le dieu d'une immense région et jouit de toutes les délices qu'un sultan peut se procurer.

Mais comblé d'honneurs, de biens et de gloire, ayant le plus beau harem du Sahara. il regrettait, au faîte de la fortune..... quoi?. .. il le dit lui-même ... le petit-blanc de Mascara et les amis du bataillon d'Afrique.

Le vin manquait à son bonheur et il ne trouvait pas la conversation des Touareggs aussi amusante que celle de ses camarades de régiment.

Après un séjour assez long à la redoute, il se dirigea sur Alger, dont le séjour ne lui plut pas, parce que l'on voulut lui faire monter la garde dans la milice (authentique) : il s'embarqua pour Tunis, s'y mit sous la protection des consuls européens et mena une existence charmante demi française, demi-mauresque, jusqu'au moment où une attaque de choléra l'emporta.

Il fut pleuré par la petite colonie franque de Tunis et son tombeau rappelle, dans le cimetière chrétien, et son nom et son aventure.

Se sentant gravement atteint et se voyant perdu, il avait composé l'épitaphe suivante que plus d'un touriste a lue sans la comprendre.

Ci git *La Rigolade* qui est allé cent fois au paradis de son vivant et qui n'est pas sûr d'y retourner après sa mort.

Si quelque facteur de Paris ou de la banlieue désire renouveler la tentative de La Rigolade, qu'il passe au bureau du journal, avant de partir, nous lui donnerons des conseils et des lettres de recommandations.

XIII

LE CHIEN DES ZOUAVES.

Les zouaves de la garde casernés à Versailles vont
rentrer à Paris le 1er avril; comme les années précé-
dentes un concours nombreux de population se portera
au devant de ce régiment populaire qui compte tant
d'amis parmi les Parisiens.

Nous voulons signaler à nos lecteurs un des types les
plus intéressants de ce corps célèbre : c'est *Thoutou* le
chien du 1er bataillon.

Nous avons choisi à dessein ce mot type, qui ne frois-
sera personne au régiment où chacun regarde *Thoutou*
presque comme un zouave; disons même comme un
héros, sans craindre de profaner le mot.

Voici le relevé des états de service de ce chien fameux dans l'armée; nous affirmons que la biographie
qui va suivre est authentique; du reste on pourra con-
trôler nos dires auprès du premier zouave venu.

Thoutou est un *enfant de giberne*, il est né sous les dra-

peaux au 3ᵉ zouaves en 1856, dans la province de Constantine. Des mauvaises langues ont fait courir de mauvais bruits sur l'origine de notre héros ; on a dit, —
que ne dit-on pas ! — qu'il n'était pas Français ; pure
calomnie.

Thoutou a reçu le jour d'un caniche lorrain *Seloûm bey*
connu au 3ᵉ zouaves et d'une kelba (chienne) indigène,
ce qui le constitue Français ; le père donnant à son fils
nationalité.

Thoutou — qui n'avait encore reçu aucun surnom —
grandit à la caserne ; puis il suivit une compagnie dans
un camp ; enfin il prit part à la fameuse expédition de
1857 contre les Beni-Raten dans la Grande-Kabylie.

Là commencent ses exploits.

Son premier fait d'armes fut involontaire ; mais qu'importe ! Nous connaissons maints traits de bravoure qui
furent accomplis faute pour leurs auteurs de pouvoir
s'en tirer autrement.

Donc *Thoutou* que rien n'avait encore signalé aux res-
pects de sa compagnie, se trouvait une nuit au milieu
d'une *grand'garde*, sur le bord d'un ravin. Les Kabyles
attaquaient le camp et poussaient des charges fréquentes ;
un zouave conçut le dessein d'épouvanter l'ennemi et de
le faire battre en retraite ; à cet effet il transforma
Thoutou en machine de guerre.

Il emplit de pierres le bidon de son escouade, l'attacha
à la queue du chien et attendit un moment propice.
Quand le Kabyles se ruèrent contre l'embuscade, le
zouave, sans respect pour la jeunesse et l'inexpérience
de *Thoutou*, lui envoya un coup de pied au derrière et
le malheureux animal partit dans la direction de l'ennemi en poussant des cris affreux : tayau, tayau, tayau !
(air connu.) Il traversa les rangs des indigènes en faisant

n vacarme effrayant, hurlant comme un enragé, se-
ouant ses cailloux contre la ferraille; bref il causa une
anique dont les zouaves profitèrent pour appuyer une
igoureuse chasse à la baïonnette contre les indigènes
ffarés. Ceux-ci ne reparurent plus de la nuit; mais au
our Thoutou revint dans un état déplorable.

Il avait l'air piteux, le poil hérissé, la queue pelée : le
idon était resté accroché dans les broussailles.

On sut gré à ce brave chien du service rendu et de sa
idélité à regagner son camp. Il fut adopté par le régiment; ce qui lui constituait une belle position sociale.
à partir de ce jour, au lieu de vivre de reliefs, il eût
lace marquée dans une compagnie. Un coin autour du
eu d'une escouade et une *portion* au fond de la ga-
nelle.

C'est à partir de cette époque que *Thoutou* commença
à étudier sérieusement le service de campagne et débuta
dans sa spécialité d'éclaireur volontaire, qui consistait
à battre chaque nuit les broussailles en avant des postes
du régiment, à éventer la présence de l'ennemi et à le
signaler aux sentinelles perdues en passant près d'elles,
muet, mais la gueule ouverte comme s'il eût aboyé.

Ainsi *Bas-de-Cuir*, le héros de Fenimore Cooper, avait
trové le moyen de rire en silence.

Thoutou dut à *Séiaüm*, son père, une partie de ses ta-
lents; malheureusement l'auteur de ses jours fut tué
lors de la prise de *Lalla-Fatma*, la prophétesse; et il
laissa inachevée l'éducation de son rejeton; *Seloum* fut
enterré avec les honneurs de la guerre sur le territoire
des Beni-Yenni. *Thoutou* avait respectueusement accompagné jusqu'à la fosse les dépouilles paternelles; il
resta à pleurer sur la tombe.

La nuit suivante, on entendit le bruit d'un combat

acharné dans cette direction; on y courut et l'on trou-
Thoutou à la tête d'une dizaine de chiens français, li-
vrant bataille à une bande de chacals qui voulaient dé-
terrer le mort et le manger. Ces animaux *anthropophag*
et *cynophages* ne respectent rien!

Grâce à Thoutou les mânes de Seloüm ne furent pi
profanées. C'est par cet honorable trait de dévoûmei
filial que notre héros termina la célèbre campagne c
1857 qui nous valut la soumission de la *Grande Kabyl*
et qui porta si haut la gloire du nom français; car no
avons planté nos aigles là où jamais celles des Romai
n'avaient plané, et *Thoutou* peut se vanter d'avoir levé
patte là où nul centurion n'a posé le pied.

Rentré à Constantine, *Thoutou* se reposa des fatigue
de la guerre dans les délices de la vie orientale; il f
un des chiens-sultans de la Casbah; choyé par le civi
estimé par le militaire, aimé par le sexe, il attendit a
milieu des plaisirs de tous genres et de la considératio
universelle le moment de cueillir de nouveaux lauriers

Survint la guerre d'Italie.

Le 3e zouaves s'embarqua pour Gênes; mais une dif
ficulté se présentait; défense formelle avait été fait
d'admettre des chiens à bord; la désolation était a
camp des zouaves qui tenaient à leurs caniches. Il étai
difficile de tromper la surveillance de l'intendant.

On sait que pour gagner le navire, chaque soldat défil
sur une planche à l'appel de son nom; il est presque impossible d'arriver à bord subrepticement; néanmoins on
trouva un moyen *de passer les chiens*. Les tambours dé-
montèrent leurs caisses et y cachèrent les meilleures
bêtes des bataillons et les moins grosses, bien entendu.
Thoutou, vu ses services et sa petite taille, était du
nombre; ces pauvres animaux se pelotonnaient et

prenaient respiration par le trou des cordes de la *peau de timbre*.

Le régiment se mit en marche; selon la coutume on défilait sans musique. Pour les embarquements, on va un peu à la débandade et chaque tambour ou clairon, au lieu de se trouver en tête, prend rang dans sa compagnie pour les appels du bord. Mais le colonel eut la fantaisie de rompre avec les traditions et de saluer par une dernière fanfare cette terre d'Afrique que l'on allait quitter.

Ordre est donné aux clairons et tambours de prendre la tête de la colonne et de jouer un air entraînant. On peut juger de la figure des tambours qui avaient tous un chien dans leur caisse. Les clairons jouent tout seuls; le colonel s'étonne et exige que les *ra* et les *fla* accompagnent la sonnerie; mais les tambours ne remuent pas leurs baguettes. Le colonel se fâche: il faut s'exécuter.

Une nombreuse population saluait les zouaves de ces vivats (vivat! un vrai salut de circonstance pour des hommes qui vont affronter la mort).

Le tambour-maître qui a vu le colonel froncer le sourcil comprend qu'il n'y a plus à plaisanter; le signal est donné et les tambours battent à coups redoublés.

Mais, ô surprise! au milieu des roulements cadencés, d'effroyables clameurs se font entendre; des chiens hurlent avec rage. On regarde partout, on ne voit rien. Les tambours une fois lancés ne s'arrêtent pas; plus les aboiements redoublent, plus ils frappent; c'est un tapage infernal.

Chacun cherche les chiens qui causent ce sabbat; nul ne les aperçoit. Enfin à la stupéfaction générale, un épagneul tombe du fond d'une caisse roule, à terre, se relève et s'enfuit à toutes jambes; le pauvre diable

affolé de terreur avait crevé la peau de timbre avec ses
pattes pour s'échapper.

Et les spectateurs de rire à se tordre!

Les officiers comprirent ce qui s'était passé; ils firent
semblant de n'avoir rien vu, ni entendu. Les tambours
cessèrent de battre et l'on arriva sur les quais. Mais le
bruit de la farce qui s'était jouée, avait précédé l'arrivée
des bataillons; les contrôleurs étaient prévenus. Donc
quand un tambour se présentait, il devait frapper sur sa
caisse : si un aboiement éclatait, le chien *marron* était
tiré de sa prison et chassé à terre.

Un seul fut embarqué : *Thoutou*! *Thoutou* qui ne
broncha pas; *Thoutou* qui ne souffla pas; *Thoutou* qui se
tint coi!

Et l'on dira que les bêtes n'ont pas de raison; que
c'est de l'instinct! J'en appelle à Randon, notre célèbre
dessinateur! Je souhaite cet instinct à beaucoup de ces
animaux à deux pattes qui se croient une âme parce
qu'ils ont deux mains; au compte de ces imbéciles-là
les singes auraient deux âmes, puisqu'ils ont quatre
mains!

Thoutou fut délivré une fois en mer et salué de hourrahs
triomphants quand il parut sur le pont.

Je passe l'entrée à Gênes et j'arrive à l'un des incidents de la campagne d'Italie.

On sait que nos camps furent souvent visités par des
espions déguisés en soldats. Un jour un zouave du
1er régiment se présente au bivac du 3e; il cause, rit et
boit avec les soldats; il observe en même temps. Arrive
Thoutou qui flaire ce zouave, se campe en face de lui et
hurle à tout rompre. On s'étonne; le zouave pâlit; on
conçoit des soupçons; on presse l'espion — c'en était
un! — il avoue et on le conduit à qui de droit.

Quelque temps après *Thoutou* assistait au combat de *Palestro*; ce fut lui qui se jeta à l'eau le premier pour traverser le canal à la nage et courir sus à l'ennemi; lui encore qui contribua à la prise des canons. Il sauta aux nez des chevaux d'artillerie, les fit se cabrer et jeta le désordre dans l'attelage. Pendant les deux minutes de répit qui suivirent cet épisode, il se jucha sur les caissons, mouillant de joie sur la poudre autrichienne sans en avoir conscience. (Nous espérons qu'on nous passera ce détail historique).

Tels furent pour *Thoutou* les faits les plus saillants de cette campagne.

Le régiment se rembarqua pour l'Algérie; cette fois point ne fut besoin d'agir de ruse. Le chien du 3e zouaves fut appelé par son nom et passa fièrement sur la planche... comme un homme!

Peu après il expéditionnait au Maroc; il y reprenait son service d'éclaireur. La nuit il faisait des rondes d'heure en heure sur tout le front des avant-postes et débusquait les *buissons-vivants*; c'est-à-dire les indigènes qui, couverts de feuilles de palmiers, s'avançaient lentement au milieu des broussailles pour surprendre les sentinelles. Rien de plus difficile après un certain temps de faction que de distinguer dans les ténèbres une de ces touffes de palmiers factices, des bouquets d'arbres environnants.

Thoutou, lui, ne s'y trompait jamais; c'était le meilleur *batteur-d'estrade* de toute l'armée d'Afrique qui cependant compte beaucoup de ces chiens célèbres.

Au Maroc il fit un prisonnier de sa main... non, de ses crocs. (Avec ce diable de chien, on se trompe toujours). Suspendu au burnous d'un Beni-Snassen, il ne le lâcha pas, que quand les zouaves eurent accouru.

E.

Peu de mois s'écoulèrent après la fin de l'expédition et le 3e zouaves partit pour le Mexique avec *Thoutou* qui se signala comme toujours. En bon *chapardeur*, il fit la chasse au profit de son escouade et chaque jour il tuait quelques-uns de ces délicieux lézards, les *ignames*, qui sont un manger des dieux.

Thoutou rapportait son gibier, et le cuisinier du jour le préparait pour le chien et pour toute l'escouade. Dans une de ces chasses, *Thoutou* faillit mourir d'une piqûre faite par un serpent venimeux ; mais la plaie fut lavée à l'alcali et il fut sauvé. Toutefois le poil ne repoussa jamais à cette place, comme il est facultatif de s'en apercevoir.

Le siège de Puebla commença ; notre héros en fut.

Il donna avec le régiment, et fut d'une grande utilité dans la guerre des rues ; trois fois au milieu des dédales que formaient les couloirs des édifices attaqués — labyrinthes inextricables — il sut trouver le chemin qui menait à l'ennemi.

Mais auprès d'une grave blessure qui mit les jours de *Thoutou* en danger, il fut atteint d'une balle ; le difficile est de dire où.....

On crut longtemps que ce brave chien, ô humiliation ! en serait réduit à monter la garde dans le sérail de quelque chef arabe. Mais il fut si bien soigné, qu'il échappa à cette honte. Il est encore appelé à laisser une nombreuse postérité

Thoutou faillit être privé de son plus bel ornement ; plus heureux que le renard de La Fontaine, il ne laissa qu'une moitié de sa queue à la bataille.

Thoutou revint en France, convalescent, avec un zouave blessé ; ce dernier, en passant à Paris, demanda et obtint d'entrer dans la garde. *Thoutou* avait alors deux blessures, trois contusions, quatorze campagnes; il méritait d'être accueilli aux zouaves de la garde; il y fut bien reçu et y resta.

Inutile de dire qu'il y jouit de tous les égards que mérite un brave chien comme lui; pour en donner une idée, nous dirons qu'il *est le seul chien* dont la présence soit *autorisée* dans les casernes.

De temps à autre les adjudants font organiser des battues dans les quartiers; il y a assommage général de la gent canine. Par ordre supérieur, *Thoutou* est à l'abri des manches à balai. Il est des anti-Chauvins qui prétendent que la gloire ne sert à rien; *Thoutou* est la preuve vivante du contraire, puisque ses faits d'armes le protègent contre les *massacres de septembre* qui s'exécutent annuellement dans les casernes.

Thoutou, depuis qu'il est à la *Garde*, s'est signalé par une conduite régulière, comme il convient à un vétéran d'Afrique qui a renoncé aux folies de la jeunesse et à la licence des camps; mais il prend presque chaque jour après la soupe du matin, la permission de Paris. La capitale, comme on dit à Landernau, exerce sa fascination sur notre héros; quand il est à Versailles, il éprouve la nostalgie de la grande ville.

La difficulté pour lui est de franchir sans fatigue la distance qui sépare la *Pièce d'eau des Suisses* du *bassin des Tuileries*. Thoutou, chien de progrès, a compris les avantages du rail-way; aussi a-t-il choisi cette voie de locomotion rapide; mais s'il est admis à la gamelle, il ne touche pas de sous de poche et ne saurait payer sa place. Il a trouvé les moyens de voyager gratis.

En vrai *chacal* d'Afrique, il se glisse dans un vagon, se blottit sous la banquette et ne bouge qu'à l'arrivée à la gare Saint-Lazare. Pour se dissimuler aux yeux des

employés, il choisit la plus ample crinoline qui se trouve
dans la salle des pas perdus et s'y cache pour traverser
la barrière où veille l'employé.

Au retour, même tour.

Pourquoi *Thoutou* va-t-il si souvent à Paris? Affaire
de cœur; *il y a un sentiment* et de la famille. Un sous-
officier que notre héros affectionnait plus que tout autre,
le conduisit un jour chez une charmante petite grisette
qui possédait une épagneule ravissante. Pendant que le
zouave causait galamment à la jeune femme, *Thoutou* se
mit en frais d'amabilité pour l'épagneule, qui ne sut pas
résister aux airs conquérants de ce héros de retour du
Mexique.

Elle fut faible...

De leurs amours naquit une nombreuse lignée que se
disputèrent les gens du voisinage, auxquels on avait
conté les hauts faits du père. *Thoutou* laisse donc tous
les ans à Paris une famille, loin de laquelle il s'ennuie;
vers laquelle il retourne chaque jour.

La tendresse paternelle et conjugale fut la cause d'une
foule de tribulations pour le sous-officier qui l'avait
adopté, et qui dans les commencements — alors que
Thoutou ne trichait pas la compagnie de l'Ouest — l'em-
menait ostensiblement à Paris.

Ce sous-officier, quand il venait en permission, s'a-
musait de ci, de là, et encore ailleurs avant d'aller
rendre une visite sentimentale à sa maîtresse. *Thoutou*,
lui, qui n'était pas adonné aux petits verres, filait aussitôt là où il était attendu. Une heure, deux heures
après, arrivait le sous-officier, auquel on arrachait les
yeux pour avoir consacré à Bacchus des moments qu'il
aurait dû offrir à la blonde déesse des amours. Le zouave
ne se rendait pas compte de la façon dont sa maîtresse

savait toujours quel train il avait pris, mais les indis-
crétions de *Thoutou* lui furent révélées par la contenance
embarrassée de ce dernier au moment d'une explication
orageuse. Depuis, le zouave laissa le chien trop impa-
tient à Versailles; nous avons dit comment notre héros
trouva moyen d'aller à Paris quand même, et à sa volonté.

Nous pourrions augmenter considérablement la biographie anecdotique, et, réaffirmons-le, authentique de
Thoutou, mais nous en avons assez dit pour attirer sur
lui la bienveillante attention des Parisiens lors de la
rentrée des zouaves à Paris.

Thoutou se tient aux bagages à côté du sous-officier
chargé du convoi; mieux qu'un chien de berger, notre
héros sait surveiller les attelages et maintenir les voi-
tures en ligne.

Il n'y a pas à s'y tromper; quand surgira à l'horizon
la triomphante moustache du vaguemestre, *Thoutou* ne
sera pas loin; on le verra sur les talons de ce spirituel
sergent-major si connu dans Versailles, si aimé du régiment, pour sa verve intarissable et ses saillies humo-
ristiques.

Du reste, un *photographe* a proposé au vaguemestre de
faire le portrait de *Thoutou*; nos lecteurs pourront se
procurer ce portrait à prix réduit. De la sorte, il n'y aura
pas d'erreurs possibles.

Telle est la véridique histoire de notre héros; nous
aurions pu recueillir d'autres anecdotes, mais la place
nous manque. Nos lecteurs en savent assez pour se porter, si bon leur semble, vers l'Arc-de-Triomphe quand
le *chien* des zouaves fera son entrée à Paris, le nez au
vent, la queue en trompette, et ce chien sera, ce jour-là,
le lion de Paris.

XIV.

ENTERRÉ TROIS FOIS.

I. — A Zoatcha.

Ce récit est vrai de tous points.

L'homme qui fut enterré trois fois se nomme Floch.

C'est un vieux soldat d'Afrique, chevalier de la Légion d'honneur que vous avez coudoyé vingt fois alors qu'il faisait partie des zouaves de la garde; il a passé dans la ligne pour être sous les ordres d'un capitaine auquel il a voué une affection toute particulière.

Ce brave Floch est probablement le seul homme qui trois fois ait ressuscité d'entre les morts; on entend bien parler de *cataleptiques* qui ont surgi de la bière; mais il est rare que le fait se renouvelle dans la vie d'un homme.

Quand la première de ces funèbres aventures lui arriva, Floch servait aux zouaves en Afrique; c'était lors du fameux siège de Zoatcha, un des plus étranges dont l'histoire fasse mention. Une poignée de Berbères, la race la plus vaillante de l'Algérie, tint une armée française en échec pendant de longs mois.

Et Zoatcha n'était pourtant qu'un petit oasis presque sans défense.

Mais un homme, un de ces types admirables d'énergie, un de ces caractères à la fois sauvages et grandioses comme en produisent les terres musulmanes, Bou-Zian, le célèbre marabout du désert, galvanisa le courage des habitants et en fit des héros; il garnit ses palmiers de tirailleurs dont les balles faisaient plus de ravages que notre mitraille; il jeta le yatagan au poing, sur nos tranchées, ses hardes fanatisées par ses prédications brûlantes, et vingt fois nos *ouvrages* furent ruinés de fond en comble.

C'est qu'une insulte — cause presque ignorée de cette révolte — restait gravée au fond du cœur de Bou-Zian; il avait son honneur à venger; il lui fallait des flots de sang chrétien pour laver cet outrage.

Il tint longtemps; puis quand il nous vit enfin pénétrer triomphants dans sa ville, il vint se jeter sur nos baïonnettes dans un accès de rage impuissant et sut encore illustrer sa défaite par un glorieux trépas.

Bou-Zian fut, disent les Arabes, un cœur sublime!

Depuis longtemps une division brave et aguerrie attaquait en vain Zoatcha; le colonel Canrobert lui amena douze cents zouaves de renfort et ce fut lui qui eut la gloire d'emporter la place dans un assaut désespéré, en marchant à la tête d'une poignée de volontaires, au moment où l'on allait lever le siége.

C'est un des plus beaux traits d'audace heureuse de l'histoire contemporaine.

Avant d'arriver à Zoatcha, la colonne Canrobert avait dû franchir le désert qui sépare du Tell cet oasis de l'Est.

Les troupes marchèrent dans les sables, loin de tout
secours, ne buvant que l'eau des puits saumâtres, après
qu'elle avait croupi plusieurs jours dans les outres in-
fectées par une âcre odeur de boue.

Les soldats subissaient toutes les tortures dont on est
assailli dans les traversées du désert.

Le choléra régnait en Algérie; il s'abattit sur la colonne; de douze cents hommes, il en mourait trente par
jour; et l'on s'effraye à Paris quand, sur deux millions,
il en succombe deux cents. Si, pendant un mois, la maladie eût sévi comme aux premiers jours, il ne serait
pas resté un zouave debout; le compte était fait; on en
avait pour trente-deux jours!

Pour comble de malheur, la colonne était entourée de
cavaliers arabes qui la harcelaient et *rasaient* les traî-
nards; les malades n'avaient pas le temps de mourir;
pendant qu'ils se débattaient dans les atroces convulsions de la période algide, des maraudeurs survenaient
qui leur tranchaient la tête.

Impossible de sauver ceux que frappait le fléau.

Les cacolets étaient encombrés de mourants, le convoi
se trouvait désorganisé par la panique qui s'était mise
parmi les conducteurs de mules indigènes; tous s'étaient
enfuis, les moyens de transport manquaient. Et il fallait
avancer rapidement, sans perdre une heure; les vivres
étaient comptés; la famine nous talonnait.

Qu'on s'imagine les sombres perspectives qui s'ou-
vraient devant l'imagination d'un malade.

Point de remèdes!

Un peu d'eau, et qu'elle eau!

Puis l'abandon forcé...

Dans les affres de son agonie, le moribond voyait la
colonne s'éloigner à travers des nuages de poussière; et,

à l'autre horizon, surgissaient les sinistres silhouettes des *coupeurs-de-cous*, accourant de toutes parts avec de rauques clameurs et s'abattant sur les quasi-cadavres que le choléra jetait sous leurs yatagans.

Telle était la situation de la colonne, quand le héros de ce récit fut saisi, vers minuit, de coliques qui prirent bientôt un caractère alarmant; en vain, on le frictionna, en une heure il devint froid comme le marbre; puis son cœur cessa de battre, et pour tout le monde il fut mort.

On l'enterra précisément dans le manteau du chasseur qui s'était suicidé le matin même; la diane sonnait, quand ses camarades jetaient sur ses dépouilles la dernière poignée de sable.

On mit sac au dos et l'on partit.

Floch était donc bien et dûment enterré.

Le soir on en causait au bivac et on le regrettait : c'était un si bon garçon !

On causait choléra; et tous les fronts étaient soucieux; les chacals glapissaient au loin et les hyènes hurlaient leurs plaintes lamentables.

Tout zouave qu'on était, on se serrait les uns contre les autres en frissonnant.

Tout à coup une ombre se dresse dans l'espace éclairé par le feu de l'escouade; c'est une sorte de squelette drapé dans une espèce de linceul, sous lequel une charpente osseuse flotte grelottante et nue.

A cette apparition, chacun se lève; mais le revenant, d'une voix sépulcrale, dit à l'escouade effarée :

— Passez-moi mes *frusques* et trempez-moi une *turlutine* (soupe au riz), je vais me chauffer en attendant.

Le spectre parlait *argot*.

C'était Floch !

Floch guéri, mais plus maigre qu'un fakir, mais transi et mourant de faim.

Après un temps indéterminé, il avait repris ses sens, paraît-il ; secouant la mince couche de sable dont il était couvert, il avait, comme le Lazare de l'Évangile « surgi et marché. »

Et le voyant passer livide et étrange dans le manteau gris qui lui servait de suaire, les Arabes avaient été saisis d'une superstitieuse terreur et lui avaient livré l'espace.

Il avait gagné les camps.

Floch endossa l'uniforme d'un homme qui venait de mourir ; comme on allait enterrer le cadavre nu, il dit à ses camarades :

— Prêtez-lui le manteau !

— A quoi bon ! firent les autres.

— On ne sait pas ce qui peut arriver... dit Floch philosophiquement, il peut ressusciter.

Et tous de rire...

La colonne reprit sa marche au matin ; elle arriva peu de jours après à Zoatcha où Floch, remis complétement, eut l'honneur d'entrer à la suite du colonel Canrobert.

Notre ressuscité qui a l'esprit gaulois donnait dernièrement, au docteur de son régiment, son avis sur la meilleure manière de soigner le choléra.

— Pour en guérir un malade, disait-il, vous l'enterrez d'abord... ça réussit parfois... à preuve moi !

Cet à preuve n'est-il pas triomphant ?

II. — Aux Batteries blanches,

Floch est un de ces vieux braves qui ne manquent jamais une occasion de se battre ; après Zoatcha, après

Laghouat, après dix expéditions et cent combats en Afrique, il partit pour la Crimée où une bombe l'attendait encore ; il devait y descendre dans la nuit du 23 au 24 février 1855, à l'attaque des *Batteries-Blanches*.

Le siége de Sébastopol traînait en longueur ; l'hiver et la lenteur des Anglais paralysaient nos efforts ; pour tenir notre armée en éveil et frapper le moral de l'ennemi, on résolut de tenter un coup de suprême audace : les Russes construisaient les *Batteries-Blanches* ; nos tranchées en étaient à mille mètres ; on décida d'enlever ces ouvrages, malgré la distance ; et pourtant un assaut donné à cinquante mètres d'une brèche, passe pour hasardeux.

Nous étions si loin de ces redoutes qu'il était impossible de les garder ; nous devions les détruire.

Parcourir un kilomètre sous la mitraille, emporter une batterie défendue par une forte garnison, bouleverser l'ouvrage sous le feu des forts voisins, malgré les attaques de réserves nombreuses, et tout cela hors de portée de tout secours, c'était une de ces tentatives folles que des Français seuls savent oser et qu'ils font parfois réussir !

Le 2e zouaves fut désigné pour cette œuvre de dévouement et de sacrifices, où selon la belle expression du colonel Clerc : « Il eut mission d'étonner notre armée et de stupéfier celle de l'ennemi par sa témérité. »

Le 23, au soir, les zouaves s'embusquèrent dans la tranchée pour y attendre le signal de l'attaque.

Le temps était affreux pour une pareille expédition.

Il faisait un froid noir, un de ces terribles froids où il semble que l'air soit gelé ; on respirait péniblement ; le givre blanchissait les barbes et la bise cinglait les visages de ses milles pointes d'aiguilles.

Les armes tombaient de nos mains.

Pour tenir son fusil, il fallait placer ses doigts à la monture en bois et les réchauffer de son haleine; quand le pouce touchait au fer du canon, la peau s'y collait.

Jolie température pour les blessés qui resteraient dans les plis de terrain.....

Les camps et la ville, ensevelis sous la neige, avaient un aspect fantastique; les tentes, grands fantômes blancs et immobiles, allaient se déroulant au loin, silencieuses et lugubres sous le linceul que l'hiver avait jeté sur elles. Quelques feux brillaient, pâles lueurs dans l'obscurité profonde, flammes vacillantes attristant le regard au lieu de l'égayer; au milieu de la désolation générale, on eût dit ces lumières qu'on allume pour symboliser l'agonie.

Les deux armées semblaient endormies dans un sommeil de mort.

Un silence profond, effrayant, pesait sur cette scène de dévastation; seul, le vent gémissait battant le sol de son aile chargée de verglas, qu'il épendait partout.

Mais, prouvant la veille des postes, une détonation retentissait par intervalles; une bombe traversait les airs en mugissant et venait éclater avec fracas sur nos bivacs: alors des plaintes — cris de souffrance, râles de mourants — montaient lentement vers le ciel; des ombres s'agitaient un instant, puis tout se taisait de nouveau.

Quelques hommes avaient vécu...

Telles étaient nos nuits de Crimée; celle que nous voulons conter, celle de l'assaut des *Batteries-Blanches* où Floch fut enterré pour la seconde fois, restera gravée dans la mémoire de tous les soldats qui la passèrent dehors; le combat qui la signala fut un des plus terrib'es de cette guerre; nous allons en esquiser les phases.

Le 2e zouaves, désigné pour l'attaque, fut divisé en deux colonnes, l'une attaquant par la gauche, l'autre dont Floch était resta dans la tranchée; il ne devait accourir qu'à un appel convenu; ce petit groupe fut donc spectateur de la lutte.

Chaque bataillon de zouaves ayant un chemin différent à suivre, reçut des guides; un officier d'artillerie, quatre zouaves et un caporal. Cette petite avant-garde avait ordre tout en conduisant sa colonne d'enlever les vedettes et les postes.

Rude besogne!

Toutes les sentinelles tombèrent frappées à la poitrine; toutes les embuscades furent enlevées à la baïonnette.

Ce fut la colonne de droite qui arriva la première à la hauteur de la batterie; mais ses guides s'aperçurent qu'elle faisait fausse route et donnait dans un piége; les Russes, avec une infernale habileté, avaient élevé une fausse redoute près de la vraie; celle-ci à peine visible, l'autre bien en vue. Ils comptaient nous foudroyer d'une décharge au moment où nous monterions à l'assaut de la gabionnade simulée et nous aborder de flanc en profitant de notre surprise et du désordre d'un élan manqué.

Nos guides nous sauvèrent.

L'officier d'artillerie, nommé de la Fosse et ses cinq zouaves étaient arrivés en rempant au bord du fossé de la véritable batterie; trois mille Russes s'étageaient sur les parapets, prêts à faire feu. Les guides, quoique sous les canons de fusils, n'hésitèrent pas :

— A nous les zouaves! crièrent-ils. La redoute est ici.

Ce cri fut doublement notre salut; il nous empêcha de donner tête baissée dans une embûche; puis il nous permit d'aborder la redoute sans subir son feu. Car les Russes, par un mouvement instinctif et irréfléchi, pressèrent tous la détente de leur carabine et ils tirèrent sur le point d'où l'appel était parti; trois mille balles, formant paquet, s'abattirent sur dix mètres carré de terrain.

L'officier et quatre volontaires furent foudroyés, anéantis; on n'en trouva que des lambeaux; leur chair formait un amas confus que perçaient des os broyés!

Seul le caporal se sauva... sans blessure.

Il avait eu la présence d'esprit, tout en criant de se jeter à corps perdu dans le fossé; il n'eut pas un égratignure. Il vit encore.

Cependant la colonne avait accouru. La batterie enlevée par elle, fut cernée par le second bataillon, débouchant à son tour du ravin qu'il suivait: la garnison, tout entière, fut broyée entre ces deux troupes qui se ruèrent sur elle à l'arme blanche.

Ce fut une épouvantable boucherie; le sang coulait à si larges flots, que le lendemain les guêtres des zouaves en étaient tout empourprées.

Le carnage ne dura pourtant que quelques instants.

Après le combat, le travail; on s'occupa de raser la redoute; mais bientôt l'on s'aperçut que les Russes avaient fait filer par les ravins seize bataillons qui nous coupaient la retraite.

Le régiment était prisonnier; il s'en aperçut à l'éclat d'une fusée, lancée par l'ennemi pour illuminer le théâtre de la lutte.

Une barrière vivante de seize mille hommes nous barrait le retour aux tranchées.

C'est pourquoi les travailleurs, dont Flock était, ne purent être envoyés.

Tout le monde croyait le 2e zouaves perdu; mais voilà que tout à coup une clameur terrible éclate; à la lumière des canons, aux lueurs des pots à feu dont les Russes éclairent le combat, on aperçoit une masse qui, du haut de la batterie enveloppée, se jette sur l'ennemi, perce ses rangs par une trouée sanglante et roule comme une avalanche vers nos tranchées.

C'était le 2e zouaves qui s'ouvrait, à travers seize mille hommes, un chemin vers l'immortalité!... Il revint...

A peine avait-il dépassé les Russes qui l'entouraient, que la mitraille, les boulets, les obus et les biscaïens s'abattirent sur lui avec une furie inconcevable; le terrain qu'il devait traverser était couvert par les feux croisés de deux cents pièces, et du fond du port, trois vapeurs se succédant tour à tour, lâchaient leurs bordées dans un ravin qu'il fallait franchir.

C'était un ouragan de feu qui s'abattait sur nous; un ouragan tel, que le parapet derrière lequel s'abritaient les tirailleurs, fut renversé en un clin d'œil et rasé au niveau du sol.

Le détachement se retira précipitamment vers un point moins exposé; mais Flock avait eu le malheur de recevoir une blessure et de rouler au fond de la *place d'armes*, dont les débris l'enterrèrent vif.

La nuit suivante, les sapeurs vinrent déblayer les trois ou quatre mètres de terre amoncelés sur ce point et rétablir *l'ouvrage*; ils trouvèrent plusieurs corps sous les décombres; tous ces pauvres zouaves étaient morts.

Un des sapeurs arrivé sur la fin de sa tâche, n'avait plus qu'un gabion à relever; fatigué, il s'assit dessus pour reprendre haleine un instant.

Tout à coup le gabion se soulève, le sapeur roule par terre; un homme couvert de boue apparaît et demande à boire.

C'était Flock!

Flock encore sauvé une fois par miracle!

Flock tranquille, qui ne s'étonne plus d'échapper à la mort, parce qu'elle n'a pas voulu de lui en Afrique.

Il paraît que ce brave Breton, dans ces cas-là, est calme comme le Destin. Ce que c'est que l'habitude!

Il avala un quart d'eau-de-vie, et raconta que le gabion, en tombant, l'avait protégé et lui avait ménagé un espace vide; qu'il avait attendu longtemps du secours, et qu'il avait fini par s'endormir « parce qu'il s'ennuyait! »

Un pareil sang-froid ne grandit-il pas un homme à la hauteur des Pyramides!

De quel granit sont donc faits de pareils soldats!

Flock guérit.....

Mais ses destinées n'étaient pas accomplies; il devait être encore une fois enterré.

III. — A Malakoff.

L'on avait formé les zouaves de la garde, Flock, l'un des plus vaillants soldats de l'armée, y fut admis; mais en changeant de régiment, il n'échappa pas à son sort, qui était d'être enterré.

Ce fut à l'assaut de Malakoff qu'il fut enseveli pour la troisième fois sous le sol étranger, après le plus singulier voyage qu'on puisse faire; car il se promena dans l'espace sans ballon, sans hélice, réalisant avant Nadar le problème du plus lourd que l'air.

Voici dans quelle circonstance il accomplit ce merveilleux trajet :

Après onze mois de travaux gigantesques, l'heure suprême du dernier assaut était venue; nous avions enveloppé la place d'un réseau inextricable de tranchées, au
fond desquelles on circulait à l'abri du feu ennemi; ces
chemins couverts, mis les uns au bout des autres, eussent mesuré quatre-vingt-dix kilomètres d'étendue, sans
compter huit lieues de lignes de circonvallation fermant
le plateau de Chersenèse d'un plage à l'autre..

Les Romains firent-ils jamais quelque chose de plus
gigantesque.

Nous étions, sur un front d'une lieue, si près des redoutes russes, que, sur dix points, on s'envoyait des
grenades à la main; trente pas nous séparaient du petit
Redon, vingt de Malakoff et selon la pittoresque expression des soldats, il suffisait d'étendre son fusil pour toucher les forts de la pointe de sa baïonnette.

Quatre cent mille hommes étaient en présence; les uns
aux armées d'observation; les autres aux corps de
siége; un choc était imminent entre ces masses.

Le bombardement commença. Trois mille pièces de
canons tonnèrent pendant trois jours; l'air était noir de
boulets; la fumée voilait le soleil; le vieux sol de la
Crimée tremblait sur ses bases et les vaisseaux dansaient
sur les flots soulevés par ces commotions violentes.

Le bruit était si formidable que nous ne l'entendions
pas.

Les parapets s'abattaient sous les projectiles, comme
les châteaux de carte sous le doigt d'un enfant; les
brèches furent ouvertes.

Alors, en plein midi, le soleil resplendissait au ciel,
cent mille hommes couchés au fond des tranchées, se

levèrent ; une clameur immense — fanfares, clairons,
roulement de tambours, cris rauques du combat — éclata
soudain ; des torrents humains sortirent des parallèles
comme les fleuves de leurs lits et, s'épandant au dehors
avec une impétuosité terrible, vinrent se heurter au pied
des murailles ennemies, rebondirent contre elles, s'en-
gouffrèrent par les brèches et remplirent la ville de leurs
flots tumultueux ; Sébastopol était à nous... Vingt fois
les Russes tentèrent de le reprendre ; ils se ruèrent,
masses contre masses, avec une rage indicible ; mais les
vagues qui les avait chassés dans l'attaque, s'étaient
faites bloc de granit pour la défense !...

Malakoff nous resta !

Les vaisseaux ennemis, les pièces de campagne bra-
quées sur nous, dix forts qui n'étaient pas pris encore,
tout cela tonnait ; les mines éclataient à chaque instant
sous nos pas ; les pans de mur ébranlés s'abattaient avec
fracas ; on se battait sur un volcan et chaque fois qu'une
fougasse sautait sous les pieds d'un régiment, les Russes
acharnés en assaillaient les débris à coups de baïonnette... Morts et mourants s'entassaient pêle-mêle.

Alors nos soldats pour arrêter l'ennemi eurent ce
stoïque sang-froid de se faire un rempart de corps en-
sanglantés. Dix couches de débris humains pantelants
et mutilés fermèrent la gorge de Malakoff.

En vain l'ennemi essaya de hacher cette barrière pour
s'y frayer passage ; on combla les vides qu'il y faisait en
y jetant de nouveaux cadavres...

Il ne put franchir cette digue.

Le lendemain, on démolit cet étrange blindage !

L'on trouva parmi les morts un homme encore vivant.

C'était Floch !

Il était criblé de blessures, couvert de contusions, de

meurtrissures; une mine sautant l'avait lancé à une hauteur prodigieuse; il était retombé sur des fascines et dans un état pitoyable; il était roussi; on pouvait le croire mort plutôt cent fois qu'une; il n'était qu'en catalepsie.

Le pauvre Breton ne reprit connaissance que long-temps après; son premier mot fut celui de Malakoff, qu'il fit suivre d'une interrogation inquiète.

Il ignorait si nous étions vainqueurs.

— La ville est à nous? lui dit-on.

— Vrai? répondit-il, si je l'avais su avant de tomber, ça m'aurait été égal de mourir!

Voilà comment Floch eut trois enterrements, et vous avez pu rencontrer dans Paris ce héros qui a, comme il dit « triché la mort trois fois »

En Italie il eut une réflexion plaisante après Magenta.

— Il est singulier, dit-il, que je n'aie pas été *jeté dans le trou aux morts*, aujourd'hui; je m'y suis attendu toute la journée.

Napoléon avait la coutume de coucher sur les champs de batailles; Floch, lui, a celle de coucher dessous; chacun tient à ses petites habitudes et le vieux zouave est désagréal   surpris quand la chose ne lui arrive pas.

Après une bataille, s'il n'a pas été enseveli, il refait avec variante le mot de l'empereur romain qui disait si bien : j'ai manqué ma journée!

Flock prétend qu'il a *raté* la sienne.

Telle est l'histoire vraie que je voulais vous conter.

XV.

LE PREMIER FEU.

Ecrire soi-même les impressions que l'on éprouva dans son premier combat est chose difficile ; si l'on a été brave, on ne saurait le proclamer ; si l'on a été poltron, on ne tient pas à l'avouer. Désirant toutefois peindre les émotions d'un conscrit, nous nous sommes adressé à un de nos anciens camarades du 2e zouaves, en le priant de nous raconter *sa première affaire.* Voici sa lettre ; elle est d'un homme qui dit vrai, ne cache rien et ne croit écrire qu'à un ami. Comme nous ne disons pas son nom, nous n'hésitons pas à livrer cette lettre intime à la publicité. La voici :

Du camp de la Cascade.

Mon cher Noir,

Quelle diable d'idée as-tu de me demander ce récit ? Tu étais soldat avant d'être journaliste, tu as vu l'ennemi comme moi en Crimée, en Afrique et en Italie ; qu'as-tu besoin de mes souvenirs, toi qui as écrit les tiens, je dirai même les nôtres ?

Mais tu as une si drôle de tête que tu serais capable de me garder rancune, si je te refusais ce que tu me demandes. Il est midi, le soleil est chaud, quoique nous soyons en plein hiver ; mes *lascars* font la sieste. le camp est tranquille, je t'écris...

La tribu des Beni-Kouffi s'était révoltée ; notre colonne, forte d'environ 3000 hommes, marcha contre les insurgés et établit son camp non loin des villages que nous voulions soumettre. Le lendemain de notre installation, nous quittions le bivac avant l'aube pour marcher à l'ennemi. Mon bataillon, le 1er du 2e zouaves, était d'avant-garde ; j'allais être en première ligne.

Depuis la veille, nous savions qu'on se battrait, et j'avais passé la nuit à me demander : Auras-tu peur ?

Par moments, je pensais non, d'autre fois oui. J'étais fort perplexe.

J'avais la ferme volonté d'être brave ; mais je songeais que sur certains tempéraments la terreur agit irrésistiblement, et j'éprouvais une anxiété telle que je m'imaginais déjà sentir la peur me talonner. Dans ces moments-là j'étais désespéré.

— Demain, pensai-je, tu fuiras à la première balle et les camarades te montreront au doigt ; tu seras mis au ban du régiment.

Je me promis de me cramponner à la veste d'un camarade plutôt que de commettre une pareille lâcheté ; toutefois, en pareil cas, promettre et tenir sont deux.

Enfin, je m'endormis et je rêvai qu'ayant tourné le dos à l'ennemi, le colonel me faisait sortir des rangs après l'affaire et me désignait du doigt aux quolibets et

aux invectives de tout le régiment ; pour échapper à la
honte, je me brûlai la cervelle... dans mon rêve bien
entendu.

La diane sonna et m'arracha à mon cauchemar ; en
sortant de la tente, j'éprouvais ce malaise qui nous saisit, quand, après avoir fait une mauvaise nuit, on est
frappé soudain par l'air froid du matin. Cette cause
physique et mes appréhensions, qui ne m'avaient pas
quitté, me faisaient trembler malgré moi ; mes dents
claquaient, mes genoux s'entrechoquaient ; je me trouvais
si misérable que je me serais souffleté volontiers ; jamais
je n'eus autant de mépris pour personne, que j'en éprouvai pour moi en cet instant.

La compagnie se rangeait sur le front de bandière ;
je pris ma place après avoir cherché mon fusil aux faisceaux ; le canon glacé me produisit une sensation désa-
gréable, quand je le touchai : je n'avais pas repris mon
sangfroid et je n'aurais certainement pas abattu un
homme à dix pas.

Je me faisais pitié.

Autour de moi, mes camarades visitaient leurs amor-
ces : le bruit des *chiens* qu'on armait résonnait désa-
gréablement à mon oreille ; quand j'entendis crier l'acier
des baïonnettes sous la lime qui passait de mains en
mains pour aviver la pointe, il me sembla qu'on me
sciait les dents. Avant une heure, il me faudrait peut-
être enfoncer cette arme dans une poitrine et la retirer
sanglante ! Je frissonnai.

Survint la cantinière ; jolie femme, vive, accorte, in-
trépide au feu. Chacun la saluait d'un mot galant ; elle
y répondait en camarade.

Lassaigne, que tu as connu, et qui était le type le plus
réussi des bohèmes du drapeau, m'offrit de tuer le ver !

Ce fameux ver dont la vie est si dure qu'aucun soldat n'est parvenu à le tuer, tandis qu'il a tué maint soldat !

J'acceptai, tout en grelottant. Lassaigne ne tremblait pas lui, et j'enviai son air assuré et ses crânes allures.

Il héla Madelon, et lui tendit son écaille de tortue : elle tourna le robinet de son petit baril ; le rhum coula en un mince filet d'or rutilant aux rayons de la lune.

Lassaigne huma cette *goutte* d'un trait avec une satisfaction qui se traduisit par cette phrase pittoresque :

— *Phaaameux* ! la douceur de la gazelle et la force du lion ! Encore un, Madelon ! Je ne me suis *décacheté qu'un œil*, et il s'agit de ne pas être borgne aujourd'hui.

Et Lassaigne redoubla.

— Tonnerre ! fit-il en essuyant ses moustaches ; tu es une bonne fille, Madelon ! Tu ne mets pas d'eau les jours de la bataille. Si c'est le dernier verre de chnic que je dois *effacer*, je n'aurai pas de regret.

Pauvre Lassaigne ! Il tomba des premiers.

— Et toi, me dit la cantinière qu'on appelait de tous côtés.

Je tendis mon *quart* (gobelet d'étain) ; mais je tremblais toujours si bêtement que le rhum se renversa.

La cantinière me toisa d'une certaine façon : je me sentis rougir sous le regard de celle qui, pour nous tous, représentait la femme et qui allait se battre crânement parmi nous. J'étais compromis aux yeux du beau sexe et j'aurais donné un bras pour n'avoir pas bronché. Je trouvais une excuse :

— J'ai la fièvre, dis-je.

— *Fichue fièvre* ! fit-elle d'un air railleur ; tâchez qu'elle soit passée quand les balles siffleront : on croirait que vous avez peur.

C'est bon ! murmurai-je avec colère et en serrant les dents ; tout à l'heure on verra.

Je bus mon rhum, tournai les talons et rentrai dans le rang.

L'idée d'avoir paru poltron à la cantinière m'exaspérait. Il est prouvé pour moi que l'influence des femmes à la guerre serait immense ; un régiment qui se battrait devant des dames ferait merveille. Le gouvernement devrait prendre en sérieuse considération notre remarque et faire appel à de jolies volontaires qui animeraient chaque corps de leur présence. Les Kabyles vont au feu sous les yeux de leurs femmes ; nos pères en agissaient ainsi. Pour moi, j'étais furieux de la remarque de la cantinière, et je m'aperçus que je ne tremblais plus.

— Par le flanc droit et en avant, ordonnait le capitaine en ce moment.

La compagnie, qui était d'extrême avant-garde, défila le long des fronts de bandière ; toutes les troupes étaient sous les armes.

Rien de plus imposant que cette ligne de bataille dont nous gagnions la tête ; pas un mot dans les rangs silencieux ; les bataillons se déroulaient en masses sombres et menaçantes, couronnées par une forêt de baïonnettes étincelantes au milieu de l'ombre.

Nous devions gagner de l'avance, et la compagnie se jeta à travers les brousailles, où elle fut bientôt isolée de la division qui la suivit à distance.

Je me souviens, je me souviendrai toujours de ce que j'éprouvai dans cette marche.

La nuit durait encore.

Devant nous se dressait l'Atlas, masse imposante, sombre à sa base, illuminée à sa cîme par les feux de l'ennemi,

Il ventait frais et la brise nous apportait du fond
les sinistres aboiements des chacals et les rauques
glapissements des hyènes. De temps à autre une
forme sombre débusquait devant nous, puis s'arrêtait
à distance; on voyait briller alors au milieu des ténèbres deux prunelles phosphorescentes. C'était une bête
fauve qui, de loin, regardait passer la colonne.

Les hurlements que répétaient les échos, les regards
magnétiques dardés sur nous, donnaient à notre marche
une poésie sauvage; je recommençais à éprouver des
frémissements involontaires; mais, ce qui me plongeait
surtout dans une vague épouvante, c'étaient les mille
bruits indéfinissables causés par les myriades d'insectes
perdus sous l'herbe; ces cris si faibles des infiniment
petits étaient empreints d'amour et de haine, de joie et
de terreur; chants plaintifs ou sifflements aigus, appels
stridents ou râles étouffés, formaient une grande voix
indivise, mais puissante, mystérieuse, que l'on perce-
vait plutôt par tous les pores que par l'oreille.

Cette harmonie de la nuit exerce sur l'âme une action
étrange; elle prédispose aux frayeurs nerveuses, et c'est
elle qui rend si timides certaines organisations dans les
ténèbres.

Pourtant je sus, selon les conseils du poëte arabe,
« retenir mon âme devant les fantômes de l'ombre! »

Je crois que la nuit les troupes non aguerries doivent
être sujettes à des paniques fréquentes dues à cette
cause.

Mais notre compagnie était familiarisée depuis longtemps avec cette guerre d'embûches; quoique rampant à
demi, sondant chaque bouquet d'arbres, s'entourant de
mille précautions, les zouaves avançaient vite; chacun
tenait son fusil *paré* et son corps souple, prêt à l'élan;

car à chaque instant on pouvait tomber au milieu d'une embuscade.

Ici commence un incident qui me préoccupa pendant toute la journée, et qui ne laisse pas d'être assez bizarre pour l'observateur, très-intéressant pour le savant et fort curieux pour tout le monde.

A côté de moi marchait un Alsacien, conscrit comme moi. Très-loquace d'ordinaire, il ne desserrait pas les dents. J'observais ses impressions. Désirant savoir s'il avait passé par les mêmes transes que moi, car je ne pouvais rien deviner de ce qui se passait en lui, je le questionnai tout bas.

— As-tu peur, toi? lui demandai-je.

Il fit entendre un sourd grognement.

Je réitérai ma question; même grognement. Au même instant je recevais un coup de crosse de fusil; c'était un vieux zouave qui me rappelait au silence.

Je trouvai l'avis brutal; mais j'avais tort; je dus me résigner *et me taire sans murmurer*.

Tout à coup, sur notre gauche, retentit un juron, puis une plainte, puis un soupir déchirant.

Chacun courut de ce côté, moi, comme les autres. Je vis un zouave appuyé sur sa carabine; à terre quelque chose d'informe se débattait. J'entendis quelques voix chuchoter autour de moi : « C'est un *buisson-vivant!*

Puis on ajoutait : Lassaigne l'a tué! »

Et chacun reprenait sa marche et retrouvait son rang.

Lassaigne, ce franc buveur, me fit signe d'approcher: il me parut chanceler sur sa carabine; je le soutins.

— Retiens Frizt aussi? me dit-il.

L'Alsacien entendit et demeura près de nous avec un caporal; mais Lassaigne dit à ce dernier :

— Je n'ai presque rien ; ces deux moutards-là vont me conduire à l'ambulance, je te les renverrai.

— Bien ! fit le caporal, qui me sembla fort joyeux de retourner à l'avant-garde, — le combat pouvait commencer d'un moment à l'autre, et il tenait à n'en pas perdre une balle.

Je me rendis compte — peu à peu — de ce qui s'était passé.

Lassaigne s'était écarté de la compagnie pour des causes que chacun peut deviner, et auxquelles sont sujets les colonels comme les plus simples troupiers. Lassaigne s'était arrêté contre un buisson de palmiers nains, quand il entendit derrière lui un éternuement comprimé.

Il se retourna, ne vit rien ; mais l'éternuement se renouvela ; il partait du milieu des palmiers.

Lassaigne comprit qu'il avait en face de lui un *buisson-vivant*, c'est-à-dire un Kabyle entouré de branches d'arbres. Ces sortes d'espions, ainsi déguisés avec une rare adresse, surveillent les débouchés des camps et laissent défiler les colonnes qui passent sans les voir, qui s'écartent même pour ne pas se heurter à ces sortes de bosquets artificiels. Quand les troupes sont éloignées, l'espion court avertir les tribus de se tenir en garde, et il leur énumère les forces des assaillants.

Lassaigne n'avait pas hésité ; il s'était rendu compte qu'un de ces rôdeurs, entièrement nu, sauf les feuillages, s'était enrhumé à la rosée de la nuit ; il avait plongé sa baïonnette dans la touffe de palmiers ; mais le *chouaf* (espion) avait bondi de côté ; puis, se jetant sur le zouave, l'avait frappé d'un coup de couteau.

Alors Lassaigne, se dégageant par la brusque secousse familière aux zouaves en pareil cas, avait troué à son tour, d'un coup de baïonnette, la poitrine de son ennemi, en ce moment inerte à nos pieds.

— Prends lui son *flissa*, me dit Lassaigne.

Je me baissai pour ramasser l'arme ; le Kabyle la tenait dans sa main crispée ; il me fallait l'en arracher.

— Dépêche-toi donc, me dit mon camarade.

Je touchai la main du mort avec répugnance ; j'écartai les doigts qui me faisaient résistance ; j'avais horreur de cette violence faite à ce que je croyais un cadavre. Mais, cette main se serra violemment, et j'en ressentis l'étreinte glacée ; tout le corps fut secoué par une convulsion, et j'entendis un affreux râle.

J'eus alors présente à la mémoire l'image atroce d'un abattoir de boucher ; l'agonie de l'homme mourant de mort violente ressemblait à celle de l'animal égorgé ; rien n'y manquait, pas même la ruade finale que je reçus dans les jambes. Cette masse de chair se roidit encore dans un dernier spasme ; un hoquet funèbre souleva la gorge étranglée ; puis tout fut dit.

C'était une scène atroce ; la guerre me parut odieuse ; j'avais envie de me sauver au camp. Mais j'entendis derrière moi un ricanement.

— S.... conscrits ! murmurait Lassaigne, ça tremble parce que ça voit un homme battre de l'aile ! Vous vous y ferez, petits !...

Puis il ajouta :

— Prends le flissa et filons.

J'arrachai l'arme en détournant les yeux et me relevai.

Lassaigne était toujours appuyé sur l'Alsacien qui restait muet comme une carpe et droit comme un I.

— En marche, ordonna le blessé.

Il s'appuya sur nous et nous nous dirigeâmes sur l'ambulance.

— Es-tu gravement *touché*? demandai-je.

— A peine, répondit-il. Le fer a glissé sur les côtes.

Il me dit cela d'un air singulier, et je remarquai qu'il respirait péniblement; il me semblait fort lourd ; mais il portait la tête haute.

On longeait le bataillon qui défilait sur les traces de l'avant-garde; les zouaves s'informaient de ce qui était arrivé.

— Presque rien, répondait Lassaigne; je me suis piqué à un *buisson-vivant*.

Et les zouaves de rire, sachant ce dont il s'agissait.

Le colonel nous arrêta.

— Est-il mort, Lassaigne? demanda-t-il.

— Oui, mon colonel.

— Bien. Il n'ira pas prévenir les tribus. Et toi? qu'as-tu?

— Une égratignure, mon colonel.

— *Chançart*! me voilà forcé de te faire médailler.

Et le colonel s'éloigna.

— Médaillé! fit Lassaigne d'un ton ironique et d'une voix affaiblie.

Puis un peu plus loin, il murmura :

— Chançart! Elle est jolie ma chance!

On arriva aux cacolets qui suivaient la colonne; le cacolet est une sorte de siège double, porté par un mulet, et sur lequel on asseoit les blessés. Lassaigne fut hissé sur l'un d'eux; il bourra sa pipe et fit flamber une allumette. Je vis alors sa chemise toute noire de sang caillé, collée à sa poitrine; au même instant il glissait à terre et s'étalait sur le sol; il était mortellement atteint, mais il nous avait vaillamment caché son état, par une de ces coquetteries de mourant si fréquentes dans les armées françaises.

11

Nous étions penchés sur lui :

— Ne vous découragez pas, dit-il; la mort a une vilaine figure; mais on s'habitue à la voir à force de la regarder. Battez-vous bien; moi je ne me battrai plus.

Puis il ajouta, mais en hachant ses mots :

— Ma médaille, *si elle vient*, à ma mère; le *flissa* du Kabyle à mon oncle, le marin. Bonsoir !

Et il expira étouffé brusquement par une congestion pulmonaire. Je me relevai, mais je fus forcé de me rasseoir aussitôt; l'Alsacien, lui, s'affaissa comme une masse auprès de moi.

— C'est triste, fis-je.

Il poussa des cris inarticulés pour me répondre.

— Parle donc, lui dis-je; on ne te comprend pas.

Il ne souffla plus.

J'allais insister pour obtenir des explications plus claires, quand un sous-officier du train nous dit :

— Eh! les zouaves! est-ce que vous allez rester là. Il y a derrière nous des rôdeurs qui ne demandent qu'à essayer leurs yatagans sur des têtes de roumis; manière de savoir si les lames coupent bien.

C'était vrai. Je me levai, l'Alsacien aussi.

— Et le mort? demandai-je.

— On va le replacer sur le cacolet, me dit-il. Le premier blessé fera contre poids tout à l'heure. Je crois que ça ne tardera pas; on va se bûcher à l'avant-garde; le jour paraît. Ça sera chaud; nous n'aurons peut-être pas assez de cacolets.

Une centaine de mulets étaient rangés en file; je songeai que tous allaient être chargés du poids des morts et des blessés; les vivants à côté des cadavres.

Cette idée me fit frémir.

Mais il fallait rejoindre la compagnie : nous prîmes le

pas gymnastique et nous arrivâmes à nos rangs tout essoufflés; la course avait dissipé mes idées noires; puis la vue des deux bataillons, marchant joyeusement aux premières clartés du jour, m'avait un peu remis.

J'étais tout heureux de me sentir en bonne disposition, et je demandai à l'Alsacien :

— Te battras-tu bien, toi?

Point de réponse.

Je le pousse du coude en disant :

— Parle donc!

Il me renvoie une bourrade en grognant. C'était un parti pris d'être muet; ce silence obstiné me surprenait fort.

Le jour commençait à poindre; aux pâles clartés de l'aube, je vis du rouge sur mes mains; c'était du sang de Lassaigne; j'arrachai une poignée d'herbes humides de rosée pour faire disparaître ces taches; cela fit sourire les vieux soldats.

— Farceur! me dit un sergent, tu n'aimes pas cette teinture-là; mais tu te feras à la couleur rouge.

— Hem! fit un zouave, les voilà!

Le capitaine cria halte aussitôt; puis suivi de quatre hommes, il alla se porter à cent pas en avant de la compagnie.

Devant nous, à cinq cents mètres, sur une crête d'un mamelon, se dressait un petit mur en pierres sèches; chacun armait son fusil et assurait sa baïonnette.

— Qu'y a-t-il? demandai-je.

— Tu ne vois donc pas? me répondit-on.

— Quoi?

— Les Kabyles, parbleu!

Au-dessus du mur j'entrevis des *chichias* (calottes) rouges et blancs; à travers les interstices des pierres je vis briller les garnitures d'argent des longs *moukalas* (fusils) arabes qui étincelaient aux rayons de pourpre du soleil levant.

L'ennemi était là.

Je ne l'attendais pas sitôt.

Je reçus comme un choc en pleine poitrine, une angoisse indicible m'étreignit à la gorge ; mais cela dura peu.

Je jetai un regard autour de moi ; les visages rayonnaient, les lèvres souriaient. Excepté pour quelques conscrits soucieux comme moi, on eût dit qu'ils s'agissait d'une chasse où chacun se promettait plaisir et fête. L'aspect de la compagnie était superbe ; toutes ces têtes bronzées, empreintes de résolution, avaient un magnifique cachet d'énergie presque farouche. Je me sentis fier de marcher au milieu de pareils hommes.

On n'imagine pas à quel point le courage est contagieux ; il l'est au moins autant que la peur. Après avoir eu froid au cœur, je sentis un frisson de feu courir dans mes veines ; c'était la fièvre de l'enthousiasme qui me gagnait. Ma tête bouillonnait.

— Je crois que je n'aurai pas peur, dis-je joyeusement à l'Alsacien. Et toi ?

Il regarda les Kabyles, leur montra le poing et ne desserra pas les dents. Ses lèvres et tous les muscles de sa face étaient contractés douloureusement. Je ne savais qu'en penser.

Un coup de feu, parti de l'embuscade kabyle, détourna mon attention ; l'ennemi essayait la portée de ses armes. Une pierre vola à dix pas de nous, chassée par une balle tirée trop bas.

Un zouave ramassa le projectile, et son œil s'illumina d'un éclair de haine.

— C'est *un pruneau de cuivre*, dit-il; ces gredins-là veulent envenimer les blessures.

C'était, en effet, une de ces balles si dangereuses qui empoisonnent les plaies. Ce petit fait parut exciter dans la compagnie une violente colère; un murmure sourd courut dans les rangs.

Le capitaine, ayant examiné la position, prit une prompte résolution.

C'était un de ces vieux officiers d'Afrique qui savent si bien comment on enlève une position en *brusquant l'ennemi*; les soldats l'appelaient familièrement le *Kabir*; il nous appelait ses *lascars*.

Il avait dans ses hommes, maintes fois éprouvés, la plus entière confiance; nous avions en lui une foi aveugle.

Jusqu'alors il avait mâchonné entre ses dents un cigare éteint; il le jeta à ses pieds; sa vieille tête grisonnante, ordinairement calme, pleine de bonhomie, s'était transformée; elle resplendissait d'ardeur guerrière.

Au feu, ce vétéran n'avait plus que vingt ans.

Il tira son sabre avec toute la crânerie d'un jeune homme, promena un long regard sur ses hommes, sourit avec fierté et s'écria :

— Ils sont trois cents là haut, nous allons balayer cela.

— Oui, oui, hourrah! crièrent les zouaves.

— Eh bien! en avant! Pas un coup de fusil, à la baïonnette; clairons, la marche du régiment.

La compagnie s'était formée par demi-sections, les clairons sonnèrent la vibrante fanfare des zouaves, et la colonne s'ébranla. Tous les yeux enflammés, brûlants, étaient braqués sur l'embuscade. Je ne pensais plus à avoir peur; la réaction magnétique de la masse sur l'in-

dividu agissait sur moi, j'éprouvais des frissons électri-
ques : par moments, il me semblait que mille pointes
d'acier m'entraient dans la chair.

Nous fîmes cent pas; tout à coup une flamme rouge
courut sur la crête de l'embuscade, des petits flocons de
fumée s'élevèrent au-dessus du mur. J'entendis à mes
oreilles des sifflements qui avaient quelque rapport avec
le bourdonnement des abeilles : c'étaient des balles. Des
bruits mats, quelque chose comme un coup de bâton
s'abattant sur une échine, me firent tourner la tête. Je
vis plusieurs camarades étendus à terres : c'étaient des
morts et des blessés.

Les derniers se redressaient et allaient à l'ambulance;
les premiers ne devaient plus se relever.

En arrière, la colonne débouchait d'une forêt d'oli-
viers; un officier d'état-major accourait au galop.

— Mille tonnerres ! s'écria le capitaine ; il vient sans
doute donner l'ordre d'attendre des renforts. Personne
n'a vu l'aide-de-camp, entendez-vous ; clairons, sonnez
la charge.

Cette scène se passait rapide sous les balles qui sif-
flaient toujours.

Soudain les sons impétueux et précipités de la charge
retentissent; le cri de guerre strident des zouaves éclate,
poussé par cent poitrines ; le capitaine s'élance, le sabre
au poing ; la compagnie bondit rompant ses rangs. Elle
gravit ces pentes avec une fougue indicible ; en un instant, le mur est franchi.

La charge m'avait grisé, le cri de guerre m'avait
étourdi. Je m'étais senti entraîné par une force irrésistible. Je n'avais pas couru, j'avais été porté.

Un nuage de fumée couvrait l'embuscade quand je
sautai dedans; j'avais perdu conscience de ce qui se

passait. Je me souviens en abordant ce retranchement, d'avoir été presque brûlé par un éclair, dernière décharge de l'ennemi, puis d'être tombé au milieu d'une masse compacte, et d'avoir vu briller les lames des yatagans autour de moi. Mais les tempes me battaient si fort que je ne pus me rendre compte de cette mêlée : elle dura une minute à peine.

Quelques instants après j'étais plus calme, je courais toujours. La fumée s'était dissipée, mes camarades tiraillaient en poursuivant l'ennemi qui fuyait devant nous, la colonne en arrière gravissait le mamelon, la compagnie hurlait le cri de guerre avec exaltation et criblait de balles les Kabyles qui se dispersaient devant elle.

L'ennemi s'arrêta un instant à une seconde embuscade; les fuyards s'y rallièrent; le gros de leur force était là.

Mais toute la colonne avait couvert le mamelon derrière nous; l'artillerie s'était mise en batterie; les obus passèrent en sifflant sur nos têtes et allèrent éclater au milieu de nos adversaires, semant le trouble et la mort parmi eux.

Nous fûmes bientôt à portée de fusil de leur second retranchement; ils étaient en nombre si considérable que le plateau était blanc de burnous. Le capitaine voulut faire halte, mais sa voix se perdit dans les clameurs. Moi-même je criais : « En avant! » comme un enragé.

J'aperçus l'Alsacien qui brandissait son fusil sans parler, sauf un grognement plus étranglé que jamais. Je n'y pris pas trop garde.

En ce moment le capitaine avait calculé que la colonne, étant sur nos flancs, nous appuierait. Il ne nous retint plus.

La charge vibra une dernière fois, les cris redoublè-
rent, la compagnie se rua sur les Kabyles. Ceux-ci, à
découvert sous les obus, furent stupéfiés par l'audace de
la poignée d'hommes qui les poursuivait, ils firent un
mouvement de recul. Deux bataillons prirent le pas de
course pour nous soutenir. La retraite se dessina franchement aussitôt; nous n'atteignîmes que des fuyards.

La position était à nous.

Ce fut alors que l'aide-de-camp rejoignit le capitaine.

— Je vous apportais l'ordre de vous arrêter, dit il,
mais j'ai dû faire des détours pour vous rattraper. Vous
alliez comme le diable !

— Pas vu! fit le capitaine laconiquement avec un
geste indescriptible; pas vu!

Puis il s'assit sur une pierre, battant ses jambes de
son sabre et lorgnant l'officier d'état-major avec une finesse sournoise.

Le général accourait au galop.

— Monsieur, dit-il d'un ton bourru, je vous avais
défendu de charger si l'ennemi était en forces.

Le capitaine se releva lentement, fit ce que l'on appelle le gros dos, et répondit avec une bonhomie ma-
toise :

— J'ai cru qu'ils n'étaient pas beaucoup ; le petit jour
trompe l'œil. C'est connu.

— Vous êtes donc myope? s'écria le général avec
mauvaise humeur.

Ici le capitaine se releva fièrement.

— Oui, dit-il, j'ai la vue basse quand il s'agit de
compter l'ennemi ; c'est pourquoi j'aime à le voir de
près.

Cette réponse désarma le général.

Il regarda la compagnie, vit les baïonnettes rougies

et faussées, les visages enflammés, les mains noires de poudre, les uniformes déchirés et troués de balles, les balafres saignantes de beaucoup; il frisa sa moustache, hésita un peu, puis cédant à une bonne impulsion :

— Allons, dit-il, vous êtes des braves; mais n'y revenez pas, vous vous feriez écharper. A la première désobéissance, je ferai un exemple; pour aujourd'hui, je mets la compagnie à l'ordre de l'armée.

— Vive le général! vive le capitaine! crièrent les zouaves.

Le régiment était arrivé, tous les clairons sonnèrent *aux champs*, et nos camarades nous saluèrent de leurs acclamations.

— Le capitaine fit sortir des rangs les cinq conscrits qui avaient vu le feu pour la première fois; j'en étais. Tous les yeux se portèrent sur nous; les anciens des bataillons souriaient.

— Pour des *bleus* (jeunes soldats), nous dit le capitaine, vous vous êtes bien battus. Je suis content.

Et il serra la main de chacun de nous. C'était un des plus grands honneurs que pût ambitionner un conscrit.

Nous étions fiers comme des Césars, et nous avions grandi de cent coudées à nos propres yeux.

La cantinière vint à passer, celle-là même devant laquelle je tremblais si fort au matin.

— Eh! Madelon! cria le capitaine; par ici. ma petite, et verse-nous à boire. Allons, toi, dit-il à l'Alsacien, tu es *de chez moi*, nous allons trinquer ensemble.

La cantinière emplit deux petits verres, le capitaine et son *pays* trinquèrent; mais ce dernier fit en vain tous ses efforts pour ouvrir les mâchoires.

Nous étions stupéfaits. Seul, le capitaine comprit ce phénomène.

—. Bon, fit-il, le b.... est devenu muet d'émotion.

C'était vrai.

La crise nerveuse qui précède la lutte, l'excitation du combat ensuite, avaient contracté la gorge, les dents et les lèvres du pauvre garçon de telle façon qu'il ne pouvait parler.

Un sergent introduisit un couteau entre les dents du muet, fit levier sur le manche et versa sur la lame du cognac qui glissa par cette ouverture.

L'Alsacien parla; ce fut pour lancer un effroyable juron en allemand.

Pour moi, j'accostai la cantinière.

— Eh! lui dis-je, ma fièvre est passée.

— C'est la poudre, me dit-elle. Il n'y a pas de meilleur remède pour la maladie que vous aviez.

Et elle me tendit la main, en disant avec un sourire très-gentil.

— Sans rancune.

Puis elle passa.

La cantinière m'estimait; j'étais content.

Je passe rapidement sur les autres incidents de cette affaire. On brûla les villages récalcitrants, puis on se retira au camp. Pendant la retraite, les Kabyles nous fusillèrent avec rage, mais on les contint énergiquement, leur infligeant de temps à autre de rudes leçons.

En chemin, je vis du sang, je vis des cadavres; je n'éprouvais plus la même horreur; je commençais à me bronzer.

En rentrant au bivac, je m'aperçus que j'avais une faim canine. Il me fut prouvé une fois de plus que les émotions creusent l'estomac.

Tel fut, mon cher Noir, mon premier combat.

Sur ce, au revoir ou adieu. Tu sais que nous autres

ne sommes jamais certains de remettre les pieds en France.

PIERRE C....

Nous n'accompagnerons cette lettre d'aucun commentaire, mais nous affirmons qu'elle dépeint exactement les émotions d'un jeune soldat.

XVI.

LE MARIAGE A COUPS DE SABRE

I. — La fontaine arabe.

Il est midi, la chaleur est étouffante, le soleil brûle la
terre de ses baisers de feu. Pas un bruit dans l'immense
plaine de la Tafna ; pas un souffle de brise ; pas un cri
de bête fauve ; pas un chant d'oiseau. Tout dort.

Au douar d'Aïn-Salah, la tribu sommeille sous les
tentes ; les chiens eux-mêmes, meute vigilante, sont
accroupis dans les buissons. Hommes, animaux, plantes,
font la sieste. La nature est assoupie.

Pourtant deux femmes, jeunes toutes deux, belles
toutes deux comme la Rébecca antique, viennent d'arriver à la fontaine pour y puiser l'eau des ablutions.
Elles ont déposé chacune l'amphore arabe auprès du
ruisseau ombreux dont les flots limpides murmurent
sous l'herbe épaisse.

L'une, épouse et mère de quinze ans, a des éclairs de

haine dans ses grands yeux noirs ; l'autre a un doux visage, une expression d'étonnement naïf.

Celle-ci n'a pas onze ans ; mais en ce pays de floraison
son précoce, elle est déjà nubile, et son haïque de laine
trahit les trésors qu'il ne cèle qu'à demi.

— Sarah, demanda-t-elle à la jeune femme, nous voici
près de la source ; que veux-tu de moi ?

— Je veux, répondit Sarah, que tu ne me voles pas
mon bonheur. Ibrahim, mon mari, a conçu le dessein
de t'épouser. Si tu deviens sa femme, je te tuerai. Je le
jure par la mère du Prophète.

La jeune fille sourit d'un air triste.

— Je suis orpheline et ne m'appartiens pas, tu le sais,
dit-elle ; le vieux caïd du douar m'acheta tout enfant à
des pillards Beni-Snassonn qui m'avaient enlevée à mon
village dans une razzia. Ton mari offre à mon maître
une grosse somme ; le caïd est avare, il me cède contre
des douros. Il me destinait à son fils ; mais il y a huit
jours, mon fiancé s'est fait tuer. Je l'aurais préféré à
Ibrahim.

— Vrai ! s'écria Sarah.

— Vrai ! fit Aïcha — c'était le nom de la jeune fille.
— Je n'aimais pas mon prétendu ; tous les guerriers de
ce douar me sont odieux ; mais enfin je le détestais
moins que ton mari.

La jeune femme saisit la main d'Aïcha, plongea son
regard dans ses yeux, lut jusqu'au fond de son âme et
s'écria :

— Elle ne ment pas !

Puis elle reprit toute joyeuse :

— Tu pourras éviter ce mariage ; j'en sais le moyen.

— Parle vite, alors.

— Tu fuiras loin de la tribu.

— C'est impossible.

— Je t'aiderai. La tribu va se révolter contre les Français.

— Elle sera battue, Aïcha.

— Tu le souhaites? demanda Sarah?

— Oui, répondit la jeune fille.

— Pourquoi?

— Parce que les Français sont forts, braves, justes et bons. Ils n'ont pas d'esclaves, ils ne battent pas leurs femmes; ils ne vendent pas leurs filles. Je voudrais être née d'un Français.

Sarah demeura rêveuse un instant, puis elle dit :

— Mais les roumis sont des chiens.

— Des chiens!... Ils mordent et déchirent comme des lions, répondit Aïcha. Si je peux fuir une fois la guerre engagée, j'irai leur demander aide et protection.

— Eh bien! dans trois jours les guerriers auront quitté le douar; toute la contrée aura pris les armes; vingt mille Arabes marcheront sur Tlemcen; ils égorgeront tous les postes de roumis disséminés dans la plaine, puis ils assiégeront la ville. Tu verras bientôt que nos frères et nos maris sont plus braves et plus forts que les Français. Mais, n'importe! il est heureux que tu ne penses pas comme moi. Néanmoins, pendant que les nôtres se dirigeront sur Tlemcem, on t'accueillera bien dans la redoute. Je te prêterai un cheval et le burnous d'Ibrahim.

— J'accepte! s'écria la jeune fille.

En ce moment, retentit le galop d'un cheval.

Les deux femmes détournèrent la tête; elles poussèrent un léger cri et ramenèrent leurs voiles sur leurs visages. Un chasseur d'Afrique accourait à toute bride.

C'était Georges de C..., alors maréchal-des-logis au

4e chasseurs d'Afrique, où il cherchait à se faire une
carrière après avoir perdu sa fortune dans les prodiga-
lités d'une jeunesse qui mène la vie à trop grandes
guides. Beau garçon, magnifique soldat; il avait cette
crânerie, cette désinvolture dont raffolent las femmes.
Il était superbe à voir, dévorant l'espsce, franchissant
les obstacles, volant à travers les ravins et les broussailles. Il s'arrêta devant la source en faisant exécuter à
son coursier une volte que le plus hardi cavalier des
tribus eût admirée; puis il salua gracieusement les deux
femme.

Aïcha remarqua son front large et intelligent, ses
grands yeux bleus, sa longue moustache blonde ombra-
geant une bouche gauloise aux lèvres amoureuses. Elle
fut frappée surtout de cet air martial qui donne tant de
relief aux têtes de nos chasseurs d'Afrique.

La jeune fille, soit distraction, soit coquetterie, laissa
tomber un instant son voile. Le sous-officier, ébloui,
poussa une exclamation admirative. Aïcha rougit et ra-
mena le pan de son haïque.

Le chasseur était venu à la source pour s'y désaltérer.
Il faisait partie d'un détachement qui passait à une
demi-lieue de là; mourant de soif et sachant qu'un ruisseau coulait près du douar d'Aïn-Salah il s'était lancé
de ce côté.

Il allait descendre de cheval quand Aïcha prévint son
désir; elle lui tendit l'amphore de terre qu'elle avait
remplie et la soutint le coude à la hanche, dans la pose
ravissante des vierges de Sion donnant à boire aux pas-
teurs d'Israël.

Le chasseur parut touché de l'acte de cette enfant. Il
lui murmura à l'oreille un compliment flatteur, puis il
tira de son digt une bague arabe ornée d'une perle, sa

part de butin dans quelque razzia ; il souleva légèrement le haïque de la jeune fille et laissa tomber le bijou
sur un des plis qui couvraient son sein.

Puis, piquant des deux, il partit en riant.

II. — La Lutte.

Aïcha le regarda s'éloigner silencieuse ; soudain, elle
parut inquiète, puis elle murmura : « Il est perdu ! »

Sarah souriait d'un air farouche

— Oui, répéta-t-elle, perdu ! il entre au douar, et le
vent de guerre souffle sur la tribu.

Toutes deux, elles montèrent sur un tertre pour ne
rien perdre de la scène qui allait se dérouler devant
elles.

Le chasseur entra dans la tribu et appela ; chacun
sortit de sa tente ; en un instant, le Français fut entouré de chiens qui hurlaient, d'enfants qui criaient, de
femmes qui poussaient leurs yous-yous aigus, d'hommes
qui vociféraient.

Il ne se déconcerta pas.

— Je veux une poule ! qui m'en vend une ? cria-t-il
en sabir (langue de convention, que tout le monde parle
en Afrique).

A peine avait-il fini qu'un coup de feu retentîs-
sait.

Aïcha pâlit et chancela.

Dix autres coups de feu éclatèrent presque aussitôt au
milieu d'un nuage de poussière qui enveloppa à la fois
et le douar et le cavalier français. Pendant deux minutes, on entendit des cris de rage, des vociférations,
des plaintes et des rugissements.

— Il se défend ! pensa Aïcha ; il meurt en brave.

Soudain, du milieu des tentes bondit un cavalier; il venait droit sur les jeunes femmes; derrière lui, toute la population se précipitait furieuse, exaspérée; mais il la distançait rapidement.

Il passa devant Aïcha; un grand éclat de rire s'épanouissait sur sa figure railleuse; il tenait une poule enfilée au bout de son sabre, et il se retournait en brandissant son trophée pour narguer les indigènes acharnés sur ses traces. En face d'Aïcha, il lâcha la bride de son cheval pour envoyer un baiser à la jeune fille, puis il partit à fond de train.

Les guerriers avaient sauté en selle; ils le poursuivirent; les commères du douar s'arrêtèrent près des deux femmes assistant à la *pourchasse* du haut du tertre.

— Est-il blessé? demanda la jeune fille?

— Non, le maudit! s'écria une vieille sorcière. Il a coupé la figure à mon fils, fendu la tête d'Yousouf, troué la poitrine de Bou Bekem, écrasé deux femmes, renversé deux tentes, assommé un chien... En fuyant, il a piqué une de mes poules et il l'emporte. C'est le djenoun (diable).

— C'est un homme! murmura Aïcha à l'oreille de Sarah.

Et tout haut :

— Allah! quel démon! Le voilà qui s'arrête pour combattre.

Chacun se tut et regarda.

Le chasseur, en effet, s'était arrêté; puis, revenant sur ses pas, il avait couru sur les deux guerriers les mieux montés, qui devançaient les autres; d'un coup de mousqueton, il tua l'un; d'un coup de crosse, il jeta l'autre à terre.

Reprenant ensuite son sabre, déposé en travers de sa

selle, le chasseur l'éleva au-dessus de sa tête : la poule y était toujours enfilée dans la lame.

Les femmes poussèrent une clameur de colère impuissante, les guerriers éperonnèrent leurs montures; mais déjà le chasseur avait repris du champ.

Poursuivants et poursuivi disparurent à l'horizon.

Une heure après, les guerriers rentrèrent sans avoir atteint le Français.

III. — Trahison.

Les cavaliers avaient le rouge de la honte au front en reparaissant devant leurs femmes.

« Les Ben-Salah, leur dirent celles-ci, n'ont plus de sang dans les veines? C'est donc du lait d'anesse qui fait battre leur cœur? Quoi! un roumi, un chien, fils de chien, brave les enfants d'Allah! Nos maris ne sont plus des hommes! » Et chacune rentra sous sa tente jurant de ne plus préparer le couscoussou jusqu'au jour où l'insulte faite au douar serait vengée; jurant surtout de repousser toute caresse avant qu'une tête de chrétien n'eût été suspendue à l'arçon d'une selle.

Survint alors un marabout.

C'était l'agitateur des frontières du Maroc; c'était le fameux Sliman-ben-Daoud. Il allait prêchant partout la révolte, appelant les croyants à la guerre sacrée, soulevant les masses au nom de Mahomet.

On le réputait saint parmi les saints, favori d'Allah, successeur du prophète; il avait fait des miracles devant les tribus assemblées.

Dès qu'il parut, les femmes l'entourèrent; les guerriers n'osaient pas le regarder en face. Il se fit raconter l'affront infligé au village; et il en prit texte pour adresser un brûlant appel aux armes.

Il en était à sa péroraison quand vingt chasseurs d'Afrique surgirent d'un ravin, c'était l'heure de passer des paroles à l'action, ou, comme on dit, de faire parler la poudre.

Les guerriers allaient saisir leurs armes; le marabout les retint; il était de ceux qui, selon le proverbe arabe, savent faire *claqueter* les mots et n'osent faire *cliqueter* les armes.

— Arrêtez, dit-il, ne nous servons pas de la force contre ces chiens; usons de la ruse. Les lions parfois doivent se faire chacals pour tromper leur proie.

La phrase était jolie; les orateurs de cette sorte ne manquent jamais de métaphores brillantes pour cacher une faiblesse ou une palinodie.

— Quel habile homme! pensaient les arabes.
— Quel poltron! se disait Aïcha, plus perspicace.

Les chasseurs avaient cerné les tentes, leur chef entra dans le douar; c'était celui qui s'était si vaillamment défendu quelques instants avant; chacun le reconnut.

Il adressa un léger signe à Aïcha, qu'il devina sous son voile; elle en tressaillit d'aise. Quant aux guerriers, ils jetaient des regards peu rassurés sur les Français. Le marabout affectait une contenance ferme; seulement son corps tremblait sous son burnous.

— Que veulent les Français? demanda-t-il d'une voix qu'il essayait de rendre assurée.
— Vous châtier, drôles? répondit le sous-officier. Vous avez tenté de m'assassiner, nous allons raser le douar.

Le marabout devint blême sous la couche de bronze

de son teint; en pareil cas, la peau d'un arabe prend la couleur de la cire jaune.

— Je viens d'arriver au douar, dit-il, j'ignore ce qu'a fait cette tribu.

— Eh! bien, fit brusquement le chasseur, retire-toi; puisque tu n'as point pris part à l'offense, tu ne recevras pas le châtiment.

Et il fit un signe; ses chasseurs allaient s'élancer.

Aïcha, écartant ses voiles, vint se jeter aux pieds du beau maréchal-des-logis, et le supplia d'épargner le douar. Il releva la jeune fille en saisissant ses deux mains, y colla ses lèvres, puis il lui dit :

— Pour tes beaux yeux, je fais grâce; mon intention n'était pas de massacrer ces assassins qui sont assez punis par les blessures que j'ai faites ici; je voulais seulement m'emparer de quelques-uns d'entre eux et leur faire administrer le bâton par les chaoucks du bureau arabe.

Et tout bas :

— Je tenais à te revoir.

Aïcha allait répondre; le marabout intervint.

— Bien! dit-il, la générosité a dicté tes paroles. Les Français sont cléments, et les guerriers de ce douar avaient tort. Ils vont t'offrir la diffa (festin) pour céler la réconciliation.

Le sous-officier accepta; il espérait un signe d'Aïcha, il voulait échanger avec elle quelques regards brûlants, en obtenir un aveu. Aveu muet; car la femme arabe, toujours surveillée, ne peut répondre *oui* aux œillades d'un amant. Mais il est convenu, dans la franc-maçonnerie de l'amour, qu'elles dénoueront leur écharpe et l'agiteront légèrement devant l'homme qu'elles auront choisi.

Les chasseurs descendirent de leurs montures et les attachèrent à des pieux enfoncés en terre; les Arabes surveillaient tous leurs mouvements. Ils s'aperçurent avec dépit qu'un vieux soldat, le mousqueton au poing, demeurait près des chevaux.

— N'importe, dit le marabout, préparez le festin, et que l'un d'entre vous aille mettre le feu à un amas de broussailles, sur le sommet de la colline qui domine le douar. Dans une heure, cinq cents cavaliers entoureront le village.

Cependant les foyers flambaient, les moutons rôtissaient, chacun faisait joyeuse mine aux Français; les femmes elles-mêmes, par ordre des maris, essayaient d'endormir la vigilance des roumis; Aïcha, à son insu, aidait au succès du complot; elle avait imité ses compagnes et profité de la liberté laissée pour passer plusieurs fois devant le beau sous-officier; chaque fois ses yeux s'étaient baissés devant les siens.

Au moment où le feu d'appel flamboyait à la cîme du mamelon, l'attentien des Français était détournée par les agaceries des femmes; notre ami Georges, le maréchal des logis, surtout, ne songeait plus qu'à une chose : la ceinture d'Aïcha s'était dénouée et la jeune fille venait de disparaître dans une tente après avoir fait flotter les plis de gaze. Georges était radieux.

Une demi heure s'écoula; le détachement allait s'asseoir devant les plats de couscoussou fumant, quand le maréchal des logis se croisant avec Aïcha, celle-ci lui dit rapidement :

— Prends garde ! tu es trahi. Les tribus vont envelopper le douar.

Au lieu de courir aux chevaux et de fuir, Georges prit tranquillement place à côté du marabout; en vain Aïcha lui fit des signes désespérés, il demeura calme et rieur.

— Il n'a pas compris! pensa-t-elle.

Bientôt plusieurs goûms (troupes) arabes débouchèrent dans la plaine; déjà les guerriers du douar triomphaient. Plusieurs se levèrent.

— Qu'est-ce donc? demanda Georges fort tranquillement.

— Des cavaliers nombreux qui accourent, répondit le marabout, simulant l'étonnement.

Et il voulut se lever aussi

— Assieds-toi, dit le sous-officier, et laisse passer ces goûms? Ce sont, sans doute, les cavaliers levés par la France, qui vont à Tlemcem où se forme une colonne.

— Quel aveuglement! pensèrent les Arabes.

Et tous reprirent place.

Les chasseurs, qui avaient confiance en leur chef, ne donnaient pas la plus légère marque de soupçon; ils dévoraient avec appétit les mets étalés à profusion devant eux.

Tant d'imprévoyance avait jeté le marabout dans le ravissement; il échangeait des mots à double entente avec les guerriers. La pauvre Aïcha pleurait dans sa tente la mort prochaine de celui qu'elle aimait.

Déjà de tous côtés s'avançaient des masses nombreuses.

Tout à coup la jeune fille entendit un bruit de voix; elle sortit.

Georges tenait en joue le marabout qui frissonnait de

tout son corps; elle comprit alors le plan du chasseur et le jugea sauvé.

En effet, les Français conduisirent l'agitateur de la province près de leurs chevaux; ils sautèrent en selle et Georges tint à califourchon devant lui le chef de la révolte.

— Un geste, un mot, lui dit-il, et tu es mort!

Puis il se retourna vers Aïcha, mit cent baisers dans un regard et marcha au devant des goûms. Quand les cavaliers virent le chérif révéré au pouvoir des Français, ils ouvrirent leurs rangs en silence; ils étaient consternés.

Le jeune sous-officier et ses chasseurs jetèrent sur eux des coups-d'œil sardoniques. Pas un indigène ne bougea.

Le même soir le détachement arrivait sain et sauf à Nemours; le lendemain, le marabout était fusillé. Sa mort décapitait la révolte; tout rentra dans le devoir.

IV. — Un dévouement inattendu.

Trois jours s'étaient écoulés.

Georges songeait à retourner au douar d'Aïcha; il voulait revoir la charmante fille qui l'avait sauvé. Le matin, vers dix heures, on vint le chercher de la part du commandant de la redoute; celui-ci causait avec un cavalier arabe qui samblait presque un enfant.

— Voici un jeune homme qui veut vous parler, dit le commandant de C...

Celui-ci reconnut Aïcha sous son burnous.

Il emmena la jolie fille dans une chambre de l'unique

hôtel de la petite ville. Elle se jeta à son cou ; puis elle se dégagea presque aussitôt après avoir cédé à ce premier mouvement.

— Écoute, lui dit-elle en refusant un baiser ; j'ai quitté ce douar où l'on voulait me marier contre mon gré ; je veux devenir ton épouse et non ta maîtresse. M'acceptes-tu pour femme ? Je suis une fille noble, l'unique rejeton d'une grande tente. Tu ne te mésallieras pas en plaçant ma main dans la tienne.

Georges, n'ayant vu qu'une intrigue dans cette aventure, ne savait que répondre.

— Tu refuses, fit-elle tristement.

Et une larme perla sur ses longs cils.

— Non, dit-il, profondément touché ; j'accepte. Et, entraîné, il fit tous les serments qu'elle exigea...

— Quand nous marions-nous ? demanda-t-elle une heure plus tard.

Ici se dressait un obstacle.

Georges de C...., toujours épris, ne demandait qu'à tenir sa promesse ; mais il expliqua à la jeune fille que, simple sous-officier, il devait attendre l'épaulette pour contracter une union.

— Je suis gentilhomme, dit-il ; mais j'ai eu la sottise de me ruiner. J'ai à peine deux mille livres de rentes aujourd'hui. Mais console-toi, ajouta-t-il ; je serai sous-lieutenant avant un mois.

La jeune fille écoutait.

— Tu ne mens pas, n'est-ce pas ? dit-elle.

— Non ! Sur l'honneur ! répondit-il.

— Tu m'aimes ?...

— A la folie.

Elle vint s'asseoir sur ses genoux.

— Écoute-moi encore, fit-elle ; je veux te faire riche, puissant, redouté. Puisque tu n'as pas de fortune, quitte le service des Français et viens te tailler, du tranchant de ton sabre, un petit royaume dans mon pays. Tu es brave comme une lame d'épée, ton œil est celui de l'aigle, ta main vaut la griffe d'un lion ; l'avenir est à toi.

« Je suis née au Maroc.

« Mon père était le caïd d'une tribu campée près des frontières algériennes ; il payait aux Marocains un léger impôt, était leur allié en temps de guerre ; mais il était libre de toute sujétion.

« Les Béni-Snassem, qui sont indépendants des Français et du sultan de Fez, ont soumis nos douars, tué mon père, et m'ont vendue sur les marchés du Tell.

« Si tu le voulais, nous irions trouver l'Empereur du Maroc, qui aimait mon père ; il te donnerait des troupes ; tu chasserais les Béni-Snassenn de nos villages, et tu en deviendrais le caïd.

« Les vieillards doivent se souvenir de moi ; ils m'aiment encore comme le dernier rejeton d'une race illustre ; tu seras acclamé par toute la tribu.

« Consens-tu ? »

Georges était un esprit ardent prêt à accomplir les plus audacieux projets, il se laissa tenter.

Il se fit remplacer, quitta Nemours, et vint à la cour de l'empereur du Maroc avec Aïcha, dont les rêves ambitieux se réalisèrent rapidement.

A cette heure, il est un de ces puissants caïds qui protègent le Maroc contre les incursions des Béni-Snassem. Il peut lever trois mille cavaliers, et il mène l'existence de ses ancêtres, quand, marquis francs, ils défendaient les frontières du grand empire Carlovin-

gien. Nous ignorons si Georges C... a tenu son serment
de n'épouser qu'une femme; nous le tenons, du reste,
pour un galant homme, incapable de donner trop ou-
vertement des coups de canif dans son mariage à coups
de sabre; car il doit se souvenir toujours qu'Aïcha s'est
exposée pour lui. Celle-ci, du reste, doit avoir encore
de trop beaux yeux pour ne pas aviver, par l'amour, la
reconnaissance de son mari.

FIN.

TABLE DES MATIÈRES.

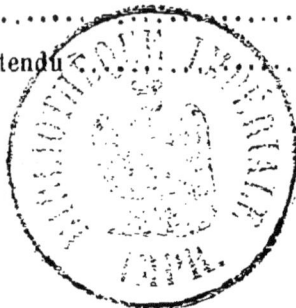

Paris. — Typ. Gaittet, rue du Jardinet, 1.

TABLE DES MATIÈRES.

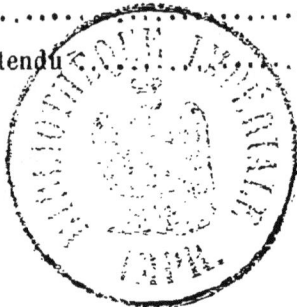

Paris. — Typ. Gaittet, rue du Jardinet, 1.

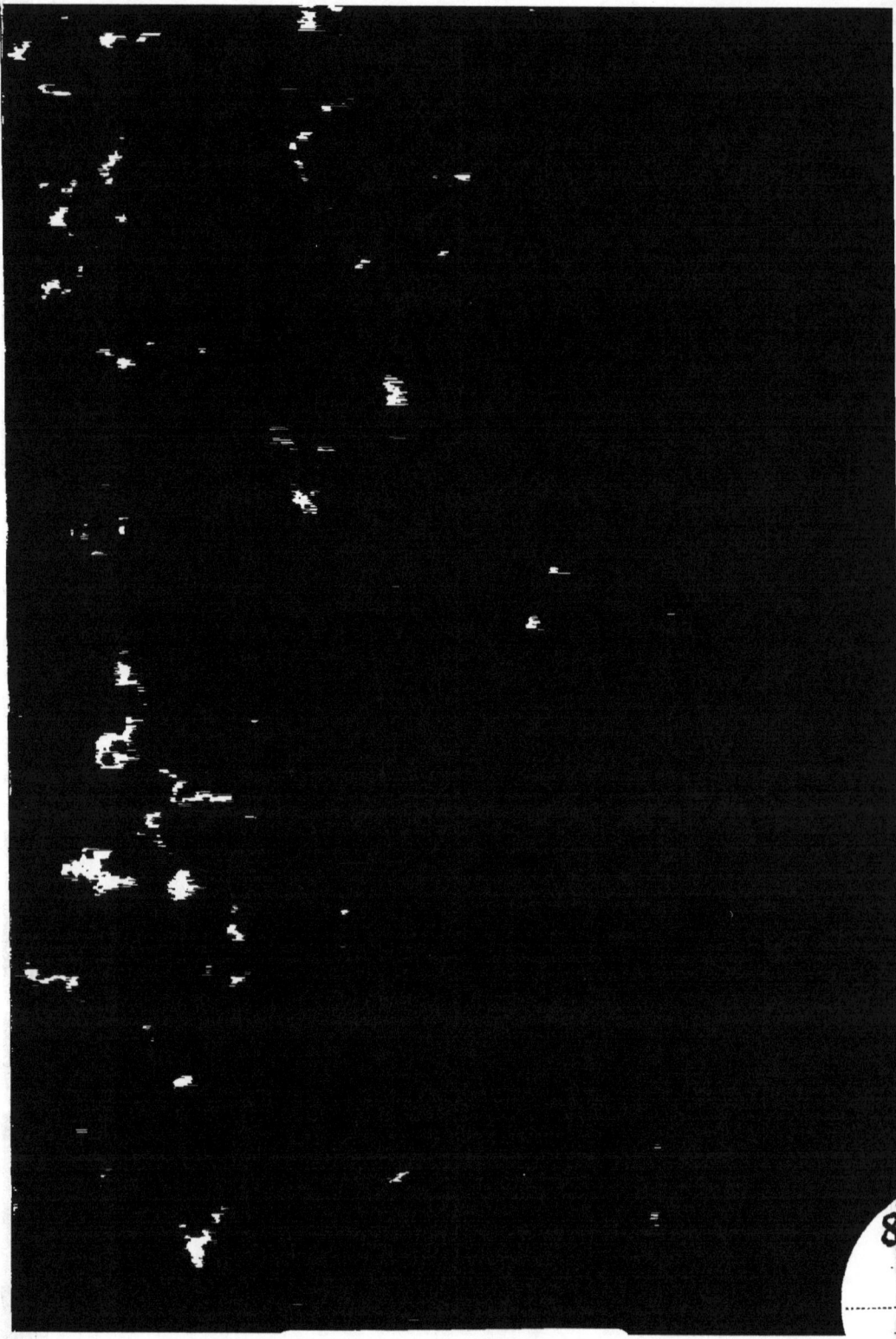

www.ingramcontent.com/pod-product-compliance
Lightning Source LLC
Chambersburg PA
CBHW060030100426
42740CB00010B/1682